GERT BAUMGART

ALLERGIEN

und was Sie dagegen tun können

UEBERREUTER

Dieser informationsdichte Ratgeber wurde auf dem neuesten Stand der medizinischen Forschung erarbeitet; alle Empfehlungen, Tips und Hinweise sind auf der Grundlage fachlicher Kompetenz entstanden. Aber bitte beachten Sie, daß die moderne Medizin ständig zu neuen Erkenntnissen gelangt und daß alle unsere Vorschläge nur Beispielcharakter haben und daher nicht Ihrer jeweiligen individuellen gesundheitlichen Gesamtsituation angepaßt sein können. Aus diesem Grund können weder der Verlag noch seine Mitarbeiter irgendeine Garantie oder Haftung für Auswirkungen und Folgeerscheinungen jeglicher Art übernehmen. Bitte wenden Sie sich in allen Fragen einer persönlichen Behandlung oder Medikation vertrauensvoll an Ihren Arzt oder Apotheker.
Alle genannten Arzneimittel, Präparate und Rezepturen sind ausschließlich Beispiele. Bitte lesen Sie stets sorgfältig die Beipackzettel der Handelspackungen, und beachten Sie genauestens, ob die darin genannten Dosierungen und bekannten Nebenwirkungen für ihren persönlichen Gebrauch zulässig sind. Jede Art von Medikation ist grundsätzlich Aufgabe Ihres behandelnden Arztes.
Auch wenn in diesem Werk nicht alle geschützten Markennamen als solche gekennzeichnet sind, kann daraus nicht abgeleitet werden, daß es sich um freie Warennamen handelt.

Die Deutsche Bibliothek – CIP-Einheitsaufnahme

Baumgart, Gert:
Allergien , und was Sie dagegen tun können / Gert
Baumgart. – Wien : Ueberreuter, 1997
ISBN 3-8000-3645-2

AU 0386/1

Umschlagfoto: Bildagentur Mauritius

Gesamtherstellung: Bildbuch, Wien
Printed in Austria
7 6 5 4 3 2 1

INHALT

Vorwort

Wer nie an einer Allergie gelitten hat, kann sich kaum vorstellen, was „allergische" Zeitgenossen alles durchmachen. Im Gegenteil: Allergiker werden oft von ihren Mitmenschen gar nicht ernst genommen und als schrullig abgetan, wenn sie zum Beispiel sagen: „Heute fliegen Beifußpollen, ich kann tagsüber nicht auf die Straßen gehen." Die Betroffenen sind mithin doppelt geschlagen. Erstens durch ihre körperlichen Probleme – Schmerzen, Jucken, Behinderung – und dadurch, daß sie nicht selten psychisch in eine Sackgasse abgedrängt werden. Ihr seelisches Leiden unter dem „Stigma" Allergiker und gleichzeitig auch ausgeschlossen zu sein aus vielen Aktivitäten macht nicht selten die psychische Situation nur noch schlechter. Körper und Seele sind bekanntlich eine Einheit.

„Allergische" Zeitgenossen

Körper und Seele

Jene Glücklichen, deren Körper auf nichts in der Welt „abwehrend", überempfindlich reagiert, mögen bedenken: Es gibt nichts, auf das man nicht allergisch reagieren kann – entweder von Geburt an oder indem man eine Allergie im Laufe der Zeit „erwirbt". Das kann sich auf eine kurzfristige Abwehrreaktion des Körpers beziehen oder aber auch auf dauerndes „Kampfverhalten" des Immunsystems. So kann es vorkommen, daß jemand zum Beispiel aus gegebenem Anlaß eine Uhr geschenkt bekommt und einige Zeit, nachdem er diese um das Handgelenk geschnallt hat, von einem juckenden und bei leichtem Kratzen schon schmerzenden Ausschlag befallen wird. Wenige Stunden später treten die gleichen Erscheinungen auf der anderen Körperseite auf. Die allergische Reaktion hat sich sozusagen auf die gegenüberliegende Seite geschlagen.

Allergische Reaktion

Erleichterung findet der Beschenkte erst wieder, wenn er das Uhrband auswechseln läßt und damit die Ursache der körpereigenen Abwehrreaktion gegen irgendeinen Inhaltsstoff des Uhrbandes wegfällt. Dieses Beispiel zeigt schon, wie tückisch Allergien sein können, daß sie manchmal plötzlich auftreten und ebenso plötzlich wieder verschwinden können.

Andersartige Reaktionen...

Das Wort Allergie selbst stammt aus dem Griechischen und bedeutet „andersartige Reaktion". Damit ist aber bereits der Grundstein zu einer, wie es manchmal scheint, wirklich babylonischen Sprachverwirrung gelegt. Unter dem Begriff Allergie – und mit ihm vermischt – werden nämlich oft auch reine Unverträglichkeitsreaktionen genannt. Der Allergie-Spezialist Professor Wolfgang Raab: „Zur Allergie gehören demnach also neben der gesteigerten Empfindlichkeit durch Vorhandensein bestimmter Antikörper – eben der klassischen Überempfindlichkeit – auch die gesteigerte Reaktionsbereitschaft, die verringerte Reaktionsbereitschaft, die fehlende Reaktionsbereitschaft und die Unempfindlichkeit." Alles das sind „andersartige Reaktionen" und würden dem, was das Wort Allergie in seiner Übersetzung bedeutet, durchaus entsprechen.

Nicht gerade einfacher wird die Sache dadurch, daß es Menschen gibt, die auf Grund bestimmter Erbfaktoren besonders stark zur Bildung von Antikörpern neigen. Eine Zunahme solcher „konstitutionell" genannter Allergien wird praktisch in allen Fachbereichen der Medizin in letzter Zeit vermehrt beobachtet.

Wissenschaftliche Untersuchungen haben beispielsweise nachgewiesen, daß in manchen Familien die Veranlagung zu einer Allergie gehäuft auftritt, daß dabei also zweifelsohne eine genetische Komponente mitspielt. Aber das muß keineswegs immer der Fall sein. Und man ist in keinem Lebensalter sicher davor. Vom Säugling bis zum Greis – Alter schützt vor Allergien nicht.

...bei 15 bis 20% der Bevölkerung

Immerhin leiden an dieser Erkrankung rund 15 bis 20 Prozent der Bevölkerung, also fast jeder fünfte bis siebente. Dabei handelt es sich aber um einen Durchschnittswert aus einer Reihe von Untersuchungen. In manchen Studien liegt daher die Prozentzahl durchaus über diesem Wert. Daher sollte sich auch der augenscheinlich „Gesunde" nicht unbedingt sicher wähnen, denn die Zahl der Stoffe, die Allergien auslösen können, ist Legion. Die Arbeit des

Arztes, herauszufinden, worauf sein Patient überempfindlich reagiert, gleicht daher nicht selten der eines Detektivs. Denn nicht immer reichen die 125 standardisierten Reizstoffe, die dem Arzt derzeit zur Verfügung stehen, zum Auffinden eines Allergens aus, um den „Übeltäter" zu erkennen.

Problematik

Wie eine von Allergiespezialisten der Wiener HNO-Klinik durchgeführte Untersuchung zeigt, „weisen die Atemwegsallergien allgemein und die Pollenallergien im speziellen eine zunehmende Problematik auf". Will heißen: Vor rund 20 Jahren haben Experten aus gutem Grund angenommen, daß 10 Prozent der österreichischen Bevölkerung an einer Pollenallergie erkranken. Heute sind es jüngsten epidemiologischen Daten zufolge bereits 16 Prozent. Vergleiche mit der Schweiz und der Bundesrepublik zeigen einen ähnlichen Verlauf und weisen auf eine steigende Tendenz hin.

So hat sich beispielsweise in Deutschland innerhalb der letzten drei Jahrzehnte die Anzahl der Allergiker von rund 6 Millionen auf an die 30 Millionen erhöht.

Ganzjährige Allergien

Auffallend ist dabei: ganzjährige Allergien gegen Hausstaubmilben oder Tierhaare haben in den letzten Jahren wesentlich stärker zugenommen als die saisonal bedingten (Pollen)Formen der Überempfindlichkeit. Die Pollenallergie sollte aber dennoch nicht unterschätzt werden. Wie die Wissenschaftler berichten, „hat sich die extreme Symptomatik mit schwerwiegenden Folgen für die Leistungsfähigkeit und die Lebensqualität verdoppelt."

Besonders betroffen davon sind Frauen – ihr Anteil an den Erkrankten beträgt rund drei Viertel. Aber auch die Zahl allergischer Erkrankungen im Kindesalter „nimmt erschreckend zu", wie Dr. Hautz, Akademisches Lehrkrankenhaus der Universität Freiburg im Breisgau, berichtet.

Erkrankungen im Kindesalter

Darüber hinaus haben viele Kinderärzte den Eindruck, daß der Zeitpunkt des Auftretens einer Allergie immer früher einsetzt. Oder, wie manche Experten meinen, durch verbesserte Diagnosemethoden früher entdeckt wird.

Schadstoffbelastung der Luft

Eine der Ursachen könnte eine stärkere Belastung der Luft mit Schadstoffen sein. Dr. Hautz: „Insbesondere bei Kindern kann die Schrittmacherfunktion von Luftschadstoffen bedingt durch Mitrauchen, also Zigarettenrauch, den sie gezwungen sind, unfreiwillig einzuatmen, industriebedingte Luftverschmutzung und hohes Verkehrsaufkommen belegt werden."

Und gar nicht so selten werden bloße Empfindlichkeitsreaktionen von Laien ebenfalls als Allergie bezeichnet.

Was ist eine Allergie?

Was hat es nun mit diesem weit verbreiteten Leiden auf sich, was ist eine Allergie?

Der Begriff Allergie umfaßt sämtliche Formen einer geänderten Reaktionsbereitschaft des Körpers, der auf das Vorhandensein von sogenannten Allergenen zurückgeht. Allergie ist somit eine Überempfindlichkeitsreaktion des Körpers. Das Immunsystem dreht durch, gerät außer Rand und Band. Die Folgen davon werden in den folgenden Kapiteln ausführlich geschildert.

Auf einen einfachen Nenner gebracht: Wir haben es in diesem Fall mit einer gestörten Wechselbeziehung Mensch

Allergene sind natürliche Stoffe

– Natur zu tun. Denn Allergene sind vielfach durchaus natürliche Stoffe, die alltäglich auftreten und gesunden Menschen, einem gesunden Immunsystem, keinerlei Probleme bereiten.

Für ihre Entstehung sind sogenannte „Antigene" verantwortlich, das sind Stoffe, die eine körpereigene Abwehr-

Abwehrreaktion

reaktion hervorrufen. Im Zuge dieser Abwehr kommt es zur Bildung von Antikörpern, die sich gegen das Antigen richten. Die Folge davon ist eine, wie es in der Fachsprache heißt, Antikörper-Antigen-Reaktion. Sie führt unter anderem zur Freisetzung von „Überträgerstoffen", die Mediatoren genannt werden, und die spezielle Namen erhalten haben.

Es handelt sich also um eine Reaktion des körpereigenen Immunsystems auf etwas Fremdes. Die Stoffe, auf die „allergisch" reagiert wird, müssen aber keineswegs schädlich oder gar giftig sein. Man denke etwa an Tierhaare oder Blütenstaub.

Den wirklichen Grund, weshalb manche Menschen an Allergien leiden, andere ihr Leben lang unempfindlich gegen Allergene bleiben, kennt man bis heute nicht. Ausgelöst können Allergien durch ein Reihe von Faktoren werden. Zum Beispiel durch Umweltschadstoffe, Chemikalien, Schmuckstücke, durch Bäume, Gräser, Sträucher, Streß, Waschmittel, Obst, Nahrungsmittel, Medikamente und vieles mehr. Wir werden im Detail noch davon erfahren. Schimmelpilzsporen und Insektengifte stehen ebenfalls auf der „roten Liste" der Allergieexperten. Darüber hinaus haben sich auch anscheinend so harmlose Zimmerpflanzen wie der Gummibaum bei einer Reihe von Menschen als allergieauslösend erwiesen.

Auslöser

Wie aber Langzeitbeobachtungen zeigen, erweitert sich beinahe jährlich die Palette der allergieauslösenden Stoffe. So wurde etwa in den letzten Jahren festgestellt, daß Dinge, die bis dahin keinen Schaden anrichteten, vermehrt zu Allergien führten und zu schweren asthmatischen Atembeeinträchtigungen. Zum Beispiel Wildseide, die in Matratzenfüllungen verwendet wird.

Besonders in Verruf gekommen ist aber Latex, ein Produkt, aus dem Gummihandschuhe, aber auch Präservative hergestellt werden, und das gar nicht so selten Chirurgen, Operationsschwestern und „Verhütungswilligen" Probleme bereitet. Doch nicht nur das: In letzter Zeit hat man auch herausgefunden, daß Sonnenlicht, Lärm und auch seelischer Streß Allergien auslösen können.

Allergene – also Stoffe, die eine Allergie auslösen – gelangen meist mit der Atemluft – wie etwa Blütenstaub –, durch die Nahrung – etwa Zusatzstoffe – oder durch Berührung mit der Haut – Stichwort Latex- oder auch Schmuckallergie – in den Körper. Spezialisten sprechen daher auch von „Atemwegsallergie", „Kontaktallergie", „Berufsallergie"

Jeder Allergiker ein hat sein eigenes „Krankheitsmuster"

Dazu kommt noch, daß jeder Allergiker ein eigenes „Krankheitsmuster" hat. Daher braucht auch jeder Allergiker eine eigene, für ihn maßgeschneiderte Behandlung. Die Erscheinungsformen allergischer Leiden sind nämlich äußerst vielfältig. Dabei kann es zu völlig unterschiedlichen Krankheitsbildern kommen wie Heuschnupfen,

Bronchialasthma, Nesselfieber, zu Ekzemen, Verdauungsbeschwerden, ja sogar Migräne oder Krampfzustände können allergisch bedingt sein.
Außerdem sind Grad und Schwere der Befindlichkeitsstörung unterschiedlich – ja es kann sogar dazu kommen, daß manche Allergie im Laufe der Zeit verschwindet oder sich zumindest stark mildert, aber statt dessen andere Überempfindlichkeitsreaktionen auftreten. In einigen Fällen wiederum bedarf es einer großen Menge von Allergenen, um eine Reaktion zu bewirken, in anderen sind schon kleinste Stoffmengen Auslöser einer Allergie.
Wie man außerdem weiß, hängt die Art, wie sich eine Allergie äußert, auch davon ab, welcher Teil des Körpers betroffen ist. Jedes Organ reagiert nämlich mit einem speziellen Krankheitsbild – manchmal sind allerdings auch mehrere Organe betroffen.

Verschiedene Allergietypen

Darüber hinaus gibt es noch verschiedene Allergietypen. Insgesamt kennt die Medizin vier davon.
Allergien können außerdem in vielen verschiedenen Formen auftreten. Als Heuschnupfen, Asthma, Augenentzündung, Nesselsucht, Juckreiz, Ekzem, um nur einige Beispiele zu nennen.
Allergien haben aber auch eine psychische Komponente. So bekommen manche Allergiker schon Hautausschläge oder Atemnot, wenn sie das sie belastende Allergen auf einer Abbildung oder auch real nur sehen (etwa ein Glas Milch).

Wieso kommt es zur Allergie?

Manchen Menschen scheint eine besondere Empfindlichkeit gegen Allergene in die Wiege gelegt zu sein. Da in diesen Fällen eine angeborene Reaktion vorliegt, haben sich Forscher schon bald die Frage stellt, ob es nicht vielleicht so etwas wie ein „Allergie-Gen" gibt. Und tatsächlich wurde man fündig. In den letzten fünf Jahren haben sich nämlich die Indizien dafür gehäuft. Schon glauben Genetiker, den Sitz dieses Gens lokalisiert zu haben. Sie vermuten, daß dieses Gen auf dem Chromosom elf sitzt. Wie es nämlich scheint, sind rund 60 Prozent der Allergiefälle mit diesem Erbmerkmal verbunden. Man fand aber noch weitere interessante Details heraus.

Allergie-Gen

Da Kinder von allergischen Müttern in den meisten Fällen auch dieses Leiden in sich tragen, die ebenfalls allergischen Väter aber die Anlage für eine besondere Überempfindlichkeit nicht an ihre Nachkommen weiter geben, muß diese Anlage auf der „mütterlichen Linie" vererbt werden. Das ließ sich zwar nicht in allen Fällen schlüssig nachweisen, doch sprechen Experten von „sehr starken Indizien" dafür, daß es doch so ist.

Vererbung

Diese ersten Ergebnisse intensiver Forschungsarbeit haben dazu geführt, daß man sich das unter Verdacht stehende Gen gründlich angesehen hat. Es wurde nach allen Regeln der Kunst untersucht und in allen Einzelheiten analysiert. Diese gründliche und zeitraubende Arbeit hat sich aber gelohnt. Denn man fand eine Mutation (genetische Veränderung), die durchaus dafür verantwortlich sein könnte. Um diese Vermutung auf festere Beine zu stellen, wurde eine groß angelegte Studie gestartet. Und zwar gleich in zwei Bevölkerungsgruppen. Dabei stellte sich heraus, daß bei 15 Prozent der Untersuchten der „Gen-Unfall" nachgewiesen werden konnte.

Gen-Unfall

Diese Zahl läßt aber aufhorchen. Denn wie epidemiologische Studien zeigen, ist in etwa dieser Prozentsatz an

Menschen auch wirklich als Allergiker einzustufen. Aber leider fehlt immer noch der letzte Beweis, um sagen zu können: Ja, so ist es. Fest steht jedenfalls, daß Allergien wirklich familiär gehäuft auftreten.

Sollte es aber doch gelingen, jene Veränderungen an den Genen, die zu einer Allergie führen, zu finden, dann hätte man eine Schlüssel in der Hand, das Schloß zu versperren, den Allergenen ihr schändliches Treiben zu unterbinden. Das ist jedoch noch Zukunftsmusik.

Aber selbst, wenn es möglich ist, das „Allergie-Gen" oder gar „Allergie-Gene" dingfest zu machen, ist das noch keineswegs der Stein der Weisen. Denn dann bleibt immer noch ein wesentlich höherer Prozentsatz an Allergikern über, die ihre Krankheit durch Außeneinflüsse erworben haben.

Außeneinflüsse

Dabei darf freilich nicht vergessen werden: Vererbt wird die Neigung oder Veranlagung zur Allergie, und keineswegs die spezifische Allergie selbst.

Wie eine allergische Reaktion abläuft

Um eine allergische Reaktion zu entwickeln, muß ein Kontakt mit einem Allergen vorhanden sein. Solche Antigen genannten chemischen Verbindungen können aus dem Tierreich stammen (z. B. Hausstaubmilben), von Pflanzen (z. B. Pollen), aber auch aus der anorganischen Natur (etwa Nickel). Auf einen kurzen Nenner gebracht: Allergene sind Substanzen, die im Organismus die Produktion von Antikörper auslösen. Die somit die „Feuerwehr" alarmieren, die rasch eingreift, um den „Brand" löschen zu können.

Produktion von Antikörper

Dieser erste Kontakt verläuft in den meisten Fällen, ohne daß man etwas davon merkt. In diesem Stadium, könnte man vereinfacht sagen, machen es sich das Allergen und die Körperabwehr untereinander aus, ohne damit den Organismus zu „belästigen". Dabei werden aber bereits Antikörper gebildet, die über das eingedrungene Allergen herfallen. Sind nun solche Antikörper im Körper unterwegs, besteht bereits eine „Bereitschaft" des Immunsystems, dessen Abwehrzellen aktiviert sind. Man spricht da von einer „Sensibilisierung". Das ist aber noch keine Krankheit im engeren Sinne, sondern einfach Bereitschaftsdienst für die Abwehrzellen.

Sensibilisierung

Reaktionsbereitschaft nicht bei allen Menschen gleich stark

Doch das alles läuft nicht immer automatisch ab. Der Körper ist keine Maschine, die auf Knopfdruck immer die gleichen Vorgänge ausführt. Denn Fähigkeit und Bereitschaft zur Antikörperproduktion sind, erklärt der Allergiespezialist Professor Dr. Wolfgang Raab, individuell verschieden stark ausgeprägt. So besteht etwa bei 20 Prozent der Bevölkerung eine gesteigerte Bereitschaft zur Sensibilisierung. Wessen Immunsystem rasch auf Touren kommt, bestimmen die Gene.

Bildung von Antikörpern

Der Körper antwortet also auf einen Allergenangriff mit der Bildung von Antikörpern gegen den Eindringling. Sie werden vor allem in den Lymphknoten und in der Milz von der körpereigenen „Chemiefabrik" hergestellt. Die Antikörper richten sich im täglichen Leben auch gegen den eigenen Organismus. Nämlich dann, wenn Körperzellen „entgleist" sind, bösartig zu wuchern beginnen. Antikörper werden zwar gebildet, wenn sie benötigt werden. Doch ihre Produktion wird keineswegs nach Gebrauch eingestellt, „sondern hält ein ganzes Leben lang an", stellt Prof. Raab fest. Zwar nimmt deren Zahl nach dem alarmierenden Ereignis ständig ab, doch sobald es zu einem neuerlichen Eindringen kommt, wird deren Produktion wieder stark angekurbelt.

Sensibilisierung

Es kann also nur bei Vorliegen einer Sensibilisierung zu einer Allergie kommen.

Die Sensibilisierung läuft in mehreren Stufen kaskadenförmig ab. Dabei löst eine Reaktion die nächste aus – wie Billardkugeln, die aneinander anstoßend bewirken, daß eine nach der anderen ins Rollen kommt. Zuerst werden

Makrophagen

das Allergen oder Bruchstücke davon von großen Freßzellen, den Makrophagen, aufgenommen und in das Immunsystem transportiert. Dort – etwa in Lymphknoten der Achselhöhle bei Allergenkontakt an der Hand – wird das Allergen von den großen „Fressern ausgespuckt". Das so „befreite" Allergen regt nun die dafür zuständigen Teile des Immunsystems zur Produktion von Antikörpern an. Diese bleiben entweder in Zellen auf Lauer liegen, was für die „Allergie vom Spättyp" charakteristisch ist, oder sie werden in die Gewebsflüssigkeit und das Blut abgegeben, wie das bei der „Allergie vom Sofortty p" geschieht.

Allergie vom Soforttyp

Die Allergie vom Soforttyp wird auch als Typ-I-Allergie bezeichnet und läuft innerhalb weniger Minuten ab. Es kommt dabei zu Schleimhautschwellungen und Krämpfen in der Bronchienmuskulatur (Asthma). Sie tritt speziell bei Heuschnupfen, Asthma bronchiale, Bindehautentzündung und bei Quaddelsucht auf.
Von Soforttyp spricht man deshalb, weil bereits wenige Minuten nach dem Antigenkontakt allergische Reaktionen auftreten.

Histamine

Die Freisetzung spezieller chemischer Verbindungen, sogenannter Histamine, ist für Allergien vom Soforttyp verantwortlich. Unter tausend weißen Blutkörperchen liegen etwa fünf derartige Histamin speichernde Zellen vor. Gelingt es diesen Körnchen auf irgendeine Weise, aus ihrem „Gefängnis" innerhalb der Zelle zu entkommen, wird das in ihnen enthaltene Histamin freigesetzt.
Dabei kann es zu lebensbedrohenden Reaktionen kommen. In schwerster Form treten diese Reaktionen bei Insektenstichen oder einer Arzneimittelallergie auf. Dabei ist es schon oft zu tödlichen Folgen gekommen.

Typ-2-Allergie

Die Typ-2-Allergie ist gekennzeichnet durch eine Verringerung der roten und der weißen Blutkörperchen. Diese Reaktion findet aber erst Stunden oder gar Tage nach dem Allergenkontakt statt. Dabei liegen in gleicher Weise wie bei der Typ-I-Allergie – frei im Körper zirkulierende Antikörper vor. In diesem Fall bindet sich aber das Allergen an die Zellwand oder an wichtige Bausteine des Organismus. Dazu treten spezielle Antikörper, die sogenannten Immunglobuline G und M, auf den Plan. Sie bewirken eine Auflösung der Zelle oder zumindest deren krankhafte Veränderung in der Struktur, was natürlich auch auf deren Funktion einen Einfluß hat. Solche Zellschädigungen sind von Bedeutung für die Entstehung von Arzneimittelallergien.

Immunglobuline

Typ-3-Allergie

Zwischen der vorgenannten Allergieform und der Typ-3-Allergie bestehen allerdings enge Beziehungen und teilweise auch fließende Übergänge. Die allergischen Reaktionen vom Typ 3 reagieren die IgG genannten Immunglobuline mit dem Antigen, indem sie unlösliche Komplexe ausbilden, die bevorzugt in den Gefäßen der Niere, der Herzinnenwand oder der Gelenke – aber nicht nur dort – abgelagert werden. Daher spricht man in diesem Fall auch von einer Immunkomplementreaktion.

Immunkomplementreaktion

Antigen-Antikörper-Verbindungen verursachen eine Veränderung bestimmter Eiweißkörper im Blut. Das führt zu weiteren Schädigungen der Körperzellen. Allerdings kommt es da nicht so plötzlich zu Reaktionen, deshalb spricht man auch von Allergien des „verlangsamten" Typs. Die dafür charakteristischen Symptome: Einige Stunden nach dem Antigenkontakt stellen sich beispielsweise Fieber und Atembeschwerden ein.

Typ-4-Allergie

Verzögerter Typ

Diese Allergie wird auch Allergie vom verzögerten Typ genannt, weil es oft Tage bis Wochen dauert, ehe die allergische Reaktion auftritt. Bei dieser Reaktion sind die Antikörper fest an weiße Blutkörperchen gebunden. Frei herumschwimmende Antikörper gibt es dabei nicht. In diese Gruppe gehört zum Beispiel das Kontaktekzem, von dem noch die Rede sein wird.

Kreuzallergien

Kreuzreaktion

Im Laufe der Lektüre diese Buches werden Sie des öfteren auf den Begriff „Kreuzallergie“ bzw. „Kreuzreaktion“ stoßen. Damit wird die Neigung bezeichnet, bei vorhandener Allergie auf eine bestimmte Substanz (oder ein beliebiges Allergen) gleichzeitig auch auf andere Stoffe zu reagieren, die dem ersten biologisch oder chemisch sehr ähnlich sind. Wir werden im einzelnen bei der Besprechung der verschiedenen Allergieformen nochmals darauf zu sprechen kommen.

Nach diesem kurzen kursorischen Überblick über die einzelnen Allergietypen muß noch kurz über die Überträgersubstanzen der allergischen Reaktion berichtet werden. Das sind vor allem (aber nicht ausschließlich) sogenannte Histamine und Kinine. Ersteres ist beim Menschen die wichtigste Überträgersubstanz bei einer Allergie vom Soforttyp.

Histamine und Kinine

Histamin bewirkt eine Erweiterung der Blutgefäße und steigert die Gefäßdurchlässigkeit. Gelangen jedoch größere Histaminmengen in den Organismus – etwa durch Insektenstiche oder auch durch den Verzehr von Lebensmitteln, in denen diese Substanz erhalten ist erfolgt eine Erweiterung der Blutgefäße. Das bewirkt einen starken Blutdruckabfall. Gleichzeitig tritt Flüssigkeit aus den Geweben aus, und es kommt zu einer Bluteindickung. Das kann zu einem bedrohlichen Zusammenbruch des gesamten Kreislaufs führen. Dieser Zusammenbruch wird anaphylaktischer Schock genannt.

Histamin-Angriff

Weitere Folgen des „Histamin-Angriffs": An der Darmmuskulatur kommt es zu krampfhaften Kontraktionen, was Durchfälle und Erbrechen zur Folge hat. Anders an der Muskulatur der Luftwege: Dort kommt es zu Verengungen, was die Atmung erschwert (Asthma). Kinine sind, gleich wie Histamine, Eiweißkörper. Sie liegen normalerweise an große Eiweißkörper gebunden bzw. in diese eingeschlossen vor. Sobald aber eine Antigen-Antikörper-Reaktion losgeht, werden diese Kinine aktiviert. Sie wirken auf den Körper ganz ähnlich wie das Histamin.

Histaminquelle Lebensmittel

Histamin ist aber auch eine Substanz, die in Nahrungsmitteln vorkommt und daher von jedem Allergiker gemieden werden sollte. Dr. Exel: „Die Wirksamkeit des mit der Nahrung aufgenommenen Histamins ist nicht zu vergleichen mit dem Gewebshormon Histamin." Zwar wird aus einem Teil dieses von außen in den Körper gebrachten Histamin in der Leber körpereigenes Histamin aufgebaut. Das „Zuviel", das der Körper nicht verabreiten kann, löst dann aber eine allergische Reaktion aus.
Histaminreiche Nahrungsmittel sind vor allem unter den Milchprodukten zu finden. Ausgereifte Käsesorten wie Camembert, Roquefort, Chesterkäse enthalten mehr Histamin als Sahne, Sauerrahm, Quark oder Butter.

Nahrungsmittelallergie

Was geht im Körper bei einer Nahrungsmittelallergie vor sich? Lassen wir nun den theoretischen Ausführungen noch einen Blick in das praktische Geschehen folgen, um uns ein besseres Bild vom allergischen Ablauf machen zu können.

Die Lebensmittelallergie

Im Zuge einer Lebensmittelallergie kann es zu einer Überreaktion, die ebenfalls durch spezielle Immunglobuline hervorgerufen wird, kommen (anaphylaktische Reaktion), zu Störungen im Mundbereich, auf der Haut, im Magen-Darm-Trakt. Als Folge einer Unverträglichkeit von Lebensmittel kann aber auch ein „Heuschnupfen" und auch Asthma auftreten.

IgE-Reaktion

Besonders gut untersucht ist die sogenannte IgE-Reaktion, die häufig bei Kindern vorkommt und sich in erster Linie im Zusammenhang mit Milch, Ei, Getreideprodukten und Fisch findet. Bei Erwachsenen tritt die IgE-Reaktion speziell im Mundbereich ein, berichtet der Mailänder Allergologe Prof. Dr. Claudio Ortolani, wo sie durch Gemüse- und Früchte-Allergene in die Wege geleitet wird.

Durch den Konsum eines Lebensmittels und bei der Passage der Nahrung durch den Magen-Darm-Bereich kommt es bereits zur Produktion einer Reihe von Antikörpern, die gegen Allergene aus der Nahrung gebildet werden. Gleichzeitig werden auch unterschiedliche „Mediatoren" freigesetzt wie Histamine, Leukotreine und Prostaglandine. Diese „Alarmsubstanzen" rufen an den einzelnen Organen die Symptome der Überempfindlichkeit hervor.

Fußangeln

Auf dem Weg in das Körperinnere stoßen Stoffe aus der Nahrung, die möglicherweise bereits eine Allergie auslösen könnten, auf die ersten Fußangeln. So werden für den Körper giftige Bestandteile oder pharmakologisch wirksame Substanzen aus der Nahrung schon am Beginn ihrer „Reise" durch den Darmtrakt zerstört. Damit wird bereits von Anfang an das Potential an „Störmöglichkeiten" durch dem Organismus „feindlich gesinnte" Stoffe drastisch eingeschränkt. Zusätzlich werden noch Sekrete von den Eingeweiden abgegeben, die Antigene und Toxine „neutralisieren" und wegspülen.

Die Natur hat aber noch weitere „Wächter" angestellt, die verhindern sollen, daß sich unerwünschte „Besucher" breit machen. Dazu zählen jene weißen Blutkörperchen, die sich wie wild auf Eindringlinge stürzen und diese auffressen. Gelingt es letzteren aber doch, durch die Darmwand zu dringen, stehen schon wieder „Schutzwälle" und Abwehrmechanismen für sie parat. In den Lymphgefäßen wartet bereits eine ganze Armada an Vernichtungszellen und -substanzen auf sie. Zu guter Letzt sind auch noch die Lymphknoten und die Filtereinrichtungen der Leber zu überwinden, um eine allergische Reaktion hervorrufen zu können.

Abwehrmechanismen

Der Körper wehrt sich blitzschnell

Haben nun allergieauslösende Stoffe erfolgreich den Spießrutenlauf durch alle Abwehrinstanzen bestanden, geht es erst richtig los. Zum Beispiel durch die urplötzliche Ausschüttung großer Mengen von Mediatoren. Diese Sofortreaktion der körpereigenen Chemie-Küche kann jedoch lebenbedrohend sein, zu schweren Atembehinderungen oder gar einem Kreislaufkollaps führen. Das geschieht innerhalb weniger Minuten und kündigt sich durch typische Symptome wie Anschwellen und Stechen der Lippen, Zunge, des Schlundes an.

Mediatoren

Das aber führt zu einer ganzen Kaskade von entzündlichen und immunologischen Antworten des Organismus. Die schottische Allergie-Forscherin Dr. Anne Ferguson schildert den Vorgang so: „Als Ergebnis der Sekretion von entzündungsfördernden Stoffen wird das davon betroffene Gewebe durchlässiger für Antigene. Das wiederum löst eine Reihe weiterer Überreaktionen und Entzündungsvorgänge aus."

Hervorgerufen werden diese Reaktionen durch Inhaltsstoffe mancher Lebensmittel selbst, aber auch durch industrielle Prozesse, denen Lebensmittel unterworfen werden, um sie etwa länger haltbar zu machen, aber auch durch Verunreinigungen wie Rückstände von Pflanzenschutzmitteln.

Allergische „Antworten" können übrigens durchaus mit der Zeit von selbst verschwinden, doch sollte man sich nicht darauf verlassen. Suchen Sie möglichst rasch einen Hautarzt auf, der dann aufgrund verschiedener Tests in

Allergie-Bombe

der Lage ist, festzustellen, auf welchen Stoffen ihre Unverträglichkeit beruht. Dann können Sie durch Weglassen der „Allergie-Bombe“ aus der Nahrung neuerliche Konfrontationen mit dem Allergen vermeiden.

Welche Möglichkeiten Sie als Lebensmittelallergiker haben, dennoch schmackhafte Speisen zuzubereiten, die anregend schmecken, aber nicht „reizend“ für Ihr Immunsystem sind, erfahren Sie im Anhang, wo Sie eine Fülle an Kochrezepten für Allergiker finden.

Was der Arzt für Sie tun kann

Der entscheidende Schritt für die Behandlung der Allergie ist die Austestung, um herauszufinden, auf welchen Stoff der Patient allergisch ist. Dafür gibt es eine Reihe erprobter Tests, die eine wertvolle Suchhilfe für den Allergologen sind. Doch in manchen Fällen führen selbst die ausgeklügeltsten Tests nicht ans Ziel. Da bedarf es dann detektivischen Spürsinns, um dem Allergen auf die Schliche zu kommen.

Suchhilfe für den Allergologen

Dabei geht der Arzt so vor:

Als erstes erhebt er die Krankengeschichte (Anamnese), wird Sie vielleicht nach Ihrem letzten Urlaub fragen, nach Schmuck, den Sie tragen, nach den Lebensmitteln, die Sie in letzter Zeit gegessen haben.

Zum Beispiel wird sein Interesse einem kaum beachteten Nahrungsbestandteil gelten oder anderen „ausgefallenen" Dingen, wie etwa ein unscheinbares Schmuckstück aus ungewöhnlichem Material, das man aus dem Urlaubsland als Souvenir mitbrachte.

Nach dieser Anamnese werden Hauttests folgen, die schon klarer Auskunft geben können über den möglichen Grund der Allergie. Damit wird nämlich nachgewiesen, ob gegen ein bestimmtes Allergen eine Sensibilisierung besteht. Anders ausgedrückt: Damit läßt sich erkennen, ob Ihr Körper schon irgendwann einmal mit einem bestimmten Stoff Bekanntschaft gemacht hat (die im Kapitel über das Immunsystem besprochenen „Gedächtniszellen" merken sich eine solche Begegnung ihr Leben lang).

Hauttests können klare Auskunft geben

Besteht auf den vom Arzt ausgetesteten Stoff eine Allergie, zeigt sich nach wenigen Minuten an der Teststelle eine juckende Hautrötung mit Quaddelbildung. Dazu werden unterschiedliche Tests angewendet. Damit ist aber noch nicht unbedingt das Allergen gefunden. Es kann sich dabei durchaus um einen Stoff handeln, der in der Testreihe des Arztes nicht vorhanden ist. Aber auch Medikamente können das Testergebnis verfälschen. Bei hochgradig Sensibilisierten können außerdem eine Reihe von getesteten Allergenen, die mit der bestehenden Allergie aber nichts zu tun haben, „positiv" reagieren.

Die Allergietests

Die meisten Allergietests werden auf oder in der Haut durchgeführt. Die wichtigsten davon sind der Epikutan - oder Läppchen-Test, der Intrakutan-(Prick)Test und der Provokationstest.

Läppchentest und Provokationstest

Beim Läppchentest klebt der Hautarzt ein spezielles Pflaster auf den Rücken des Patienten. In diesem streifenförmigen Pflaster sind verschiedene Substanzen enthalten. Das Pflaster muß drei Tage auf der Haut bleiben. Das Ergebnis wird jedoch schon nach 24, 48 und 72 Stunden abgelesen. Bildet sich nämlich unter dem Pflaster an der Stelle einer der Substanzen ein roter Fleck, dann handelt es sich höchstwahrscheinlich um ein Kontaktekzem. Das bedeutet, daß der Betreffende schon bei der Berührung mit diesem Stoff sein Immunsystem „in Rage bringt" und zur Hochform auflaufen läßt. Das kann beispielsweise schon durch ein Uhrband geschehen, das Fasern enthält, auf die der Körper bereits die Immunabwehr mobilisiert.

Bereits nach 15 Minuten liegt das Ergebnis vor, wenn ein Prick-Test verwendet wird. Dabei wird eine Reihe von verdächtigen Allergenen – zum Beispiel Blütenpollen, Hausstaub usw., wofür es eigens angefertigte Lösungen gibt – auf den Unterarm des Patienten aufgetropft und die Haut leicht angeritzt, damit das Allergen eindringen kann.

Die Reaktion

Die Reaktion folgt auf dem Fuß: An der Stelle, wo das „richtige" Allergen in die Haut eingedrungen ist, kommt es zu einem starken Juckreiz.

Um auf Nummer Sicher gehen zu können, wendet der Allergiespezialist auch noch zusätzlich Labortests wie den sogenannten Provokationstest und den RAST-Test an, der ziemlich teuer ist und daher auch nur zur Abklärung von

Spezialfragen, wenn man nicht anders ans Ziel gelangen kann, eingesetzt wird.
Der Provokationstest wird meist ergänzend zum Hauttest durchgeführt. Der Arzt verabreicht dabei kleine Mengen einer im Allergieverdacht stehenden Substanz. Bei Heuschnupfen werden etwa verschiedene Gräserpollen auf die Nasenschleimhaut aufgebracht. Kommt es zur erwarteten Reaktion, so ist die getestete Substanz das für den Patienten spezifische „Reizmittel".

Spezifisches „Reizmittel"

Die Allergieimpfung

Um seinem Patienten das Leben zu erleichtern und die quälenden Erscheinungen der Allergie in den Griff zu bekommen, gibt es zum Beispiel noch die Möglichkeit der Impfung (Hyposensibilisierung). Damit wird versucht, die allergische Reaktion des Körpers zu verhindern. Voraussetzung dafür ist allerdings, daß die auslösenden Allergene im vorausgehenden Test eindeutig bestimmt werden konnten.

Hyposensibilisierung

Das setzt allerdings eine länger dauernde Behandlung voraus, denn es muß zehn Wochen lang jeweils einmal wöchentlich geimpft werden. Dabei wird von Injektion zu Injektion die Menge des verabreichten Allergens vorsichtig erhöht. Nach dieser „Steigerungsphase" folgt die „Erhaltungsphase". Danach ist jedoch weitere zwei bis drei Jahre eine monatliche Impfung vonnöten.
Die Hyposensibilisierung muß aber nicht „stichweise" mit der Injektionsnadel erfolgen. Besonders für Kinder, die Angst vor einer Spritze haben, aber auch für Erwachsene, die das „Gestochenwerden" vermeiden wollen, gibt es die „orale Hyposensibilisierung". Dabei muß täglich eine genau vorgeschriebene Menge einer Allergenlösung in Tropfenform eingenommen werden.

Allergenlösung in Tropfenform

Die Medikamente

Antihistaminika: Diese Präparate beeinflussen nur die Symptome, schaffen daher die Ursache der Allergie nicht aus der Welt. Sie vermindern lediglich die Wirkung des Histamins. Sie machen das, indem sie die Histaminrezeptoren der Zellen blockieren. Das bringt dem Patienten eine rasche Erleichterung. Antihistaminika müssen dauernd eingenommen werden. Auch für alle anderen Medikamente, die man „ein Leben lang" einnehmen muß, gilt: Sie bringen für eine gewisse Zeit die Symptome zum Verschwinden, setzen aber den Hebel nicht bei der Ursache der Erkrankung an, sind also im Wortsinn keine Heil-, sondern nur Unterdrückungs- oder Besserungsmittel.

Vorsicht bei Medikamenten

Langzeittherapie heißt aber auch: Vorsicht! Durch die ständige Zufuhr kann es zu starken Nebenwirkungen kommen.

Antihistaminika wirken bei allen allergischen Erkrankungen, bei denen Histamin freigesetzt wird. Beispielsweise bei Heuschnupfen.

Die entsprechenden Wirkstoffe müssen allerdings in hohen Dosen verwendet werden, stellt dazu der Allergiespezialist Univ. -Prof. Dr. Wolfgang Raab fest: „Daher wird heute auch nur mehr selten nach dieser Form der Medikation gegriffen."

Prof. Raab: „Alle zur Unterdrückung bzw. zur Erzielung eines raschen Abklingens der allergischen Reaktion eingesetzten Medikamente wirken nur unspezifisch."

Hormonpräparate

Häufig werden auch sogenannte Glukokortikoide eingesetzt. Das sind Hormonpräparate, die in den Wasserhaushalt der Zelle, in den Blutzuckerspiegel regulierend eingreifen und entzündungshemmende sowie antiallergische Wirkung haben.

Doch Vorsicht, damit kann der Patient seine Gesundheit gefährden. Vor allem bei Langzeitanwendung ist entsprechend vorsichtig und behutsam ans Werk zu gehen. Daher darf die Anwendung nur unter ärztlicher Kontrolle erfolgen und muß, wie es in der Fachsprache heißt, „ausschleichend" erfolgen, darf also nicht abrupt stattfinden.

Zur Bekämpfung von Allergien werden überdies auch noch Kalzium- und Magnesiumpräparate eingesetzt. Diese beiden Mineralstoffe sind lebenswichtig und werden durch die Nahrung aufgenommen. Das gilt für Gesunde. Im Falle einer Allergie müssen die beiden wichtigen Stoffe allerdings medikamentös zugeführt werden.

Kalzium- und Magnesiumpräparate

Deren Wirkung ist aber nicht gerade spektakulär. Auch sie können eine Allergie nicht heilen. Doch sie reichen bei milden Beschwerden durchaus, um die Symptome zu erleichtern.

Komplementärmedizin

Man muß nicht immer gleich mit Kanonen auf Spatzen schießen – dieses Sprichwort gilt für die unterschiedlichsten Krankheitsbilder. Sehr viele Ärzte halten sich strikte daran und raten ihren Patienten daher die eine oder andere komplementärmedizinische Methode an. Der Körper verfügt nämlich über ein schier unerschöpfliches Arsenal an Waffen, mit Einflüssen aus der Außenwelt fertig zu werden, die leider nur allzu oft brachliegen und nicht genutzt werden. Statt diese auf natürliche, will heißen naturgegebene Art zu aktivieren, wird leider vielfach allzu rasch nach Medikamenten gegriffen, die nicht selten ständig eingenommen werden müssen.

Die Körperwaffen sind unerschöpflich

Doch bitte, bedenken Sie immer eines: Krankheit gehört in die Hand des Fachmannes, der weiß, wie man damit umgeht. Daher: Nicht zuerst auf eigene Faust versuchen, diverse Mittelchen, von denen man hört, ausprobieren und dann erst, wenn das nicht gewirkt hat, zum Arzt gehen. Das kann böse Folgen haben. Vor allem, da man eine Krankheit auf diese Weise lange Zeit verschleppt und den Körper unnötig schwächt, dem Arzt dann aber auch die Heilung des Leidens erschwert oder gar unmöglich macht.

Nichts auf eigene Faust versuchen

Die Komplementärmedizin kennt eine Vielzahl von Möglichkeiten, die Selbstheilungskräfte des Organismus

Heilungskräfte des Organismus

zu stärken und ihn anzuregen, aus einer Kraft Krankheiten niederzuringen oder zumindest soweit Kraft zu schöpfen, daß die Medikamentendosen, die nötig sind, um gesund zu werden, gering gehalten werden können.

Eine sinnvolle Ergänzung

Das Wort komplementär selbst sagt es ja schon: Mit Hilfe dieser Heilmittel können „schulmedizinische" Verfahren sinnvoll und erfolgreich ergänzt werden. Von Fall zu Fall – wann das zutrifft, kann nur der Mediziner entscheiden – werden sie eventuell auch allein ausreichen. Das hängt von vielen Faktoren ab – nicht zuletzt auch vom Stadium der Erkrankung, von der Konstitution, der seelischen und körperlichen Verfassung des Patienten. Kurz gesagt: Was für den einen von Nutzen ist, muß bei einem anderen noch lange nicht gleich wirken. Es gibt keinen „Einheitsmenschen", sondern nur Persönlichkeiten, die sich von anderen Personen in vielem unterscheiden.

Es gibt keinen „Einheitsmenschen"

Darin liegt auch der Erfolg vieler Komplementärmethoden. Ärzte, die damit arbeiten, nehmen sich im allgemeinen viel Zeit für ihre Patienten, spüren den Spuren der Persönlichkeit nach und versuchen, verschüttete oder geschwächte Energiereserven wieder flottzubekommen. Das braucht natürlich seine Zeit und kann daher auch nicht von heute auf morgen gehen. Für Komplementärmedizin ist aus diesem Grund auch nicht die Standardformel „dreimal täglich" entscheidend. Für sie gibt es auch nicht „die Krankheit", die nach „Schema F" zu bekämpfen ist, sondern nur den ganzen Menschen, bei dem etwas aus dem Gleichgewicht der Harmonie gerutscht ist. Daher muß das erste Ziel auch sein, diese Harmonie wiederherzustellen und auf dieser Basis daranzugehen, die körpereigenen Kraftzentralen anzukurbeln.

Krankheit nach „Schema F"

Ein einfaches Beispiel veranschaulicht das. Wenn Sie den Stecker aus der Steckdose ziehen, fließt kein Strom mehr. Sobald die Verbindung aber wiederhergestellt ist, gibt es wieder Licht und Wärme. Oder aber das Zuleitungskabel

weist einen Defekt auf, der zuerst repariert werden muß, um den Fluß der elektrischen Energie wiederherzustellen. Das gleiche gilt auch für den Organismus.
Wer durch eine ungesunde Lebensweise, durch übermäßigen Konsum von Nikotin oder Alkohol, durch unsachgemäße Ernährung und durch zu wenig Bewegung das fein aufeinander abgestimmte Gefüge der Körpervorgänge stört, darf sich nicht wundern, wenn dann nicht alles „wie geschmiert" abläuft. Der sprichwörtliche Sand im Getriebe hindert das „Räderwerk" an der ihm eigenen harmonischen, ausgeglichenen Bewegung.

„Sand im Getriebe"

Homöopathie

Homöopathische Behandlung von Allergien sollte auch in den Händen des Arztes liegen. Der Homöopathiearzt Dr. Klaus Connert: „ Zu Beginn der homöopathischen Therapie bleibt die klinische Medikation unverändert. Sie wird aber mit zunehmender Besserung reduziert. Da zum Beispiel bei Asthma alle klinischen Medikamente jedoch körpereigene Reaktionen blockieren, sollten sie zunehmend abgebaut werden. Unter dem Einfluß der homöopathischen Arznei wird es dem Organismus möglich, seine eigene Regulation zu ändern und zu einem gesunden Regulationsmuster zurückzukehren. Homöopathische Medizin ist daher eine Therapieform, die versucht, nicht zu schaden (was natürlich die „Schulmedizin" auch macht – Anm. d. Autors) und ihre Therapie nach den Heilungsgesetzen der Natur einrichtet. Sie ist damit notwendigerweise auch eine prophylaktische (vorbeugende) Medizin, die Krankheiten oder Schädigungen möglichst zu vermeiden trachtet oder sie in ihren Anfängen zu erkennen oder zu behandeln."

Gesundes Regulationsmuster

Zur Anwendung kommen Tropfen, Kügelchen oder Salben. Beispielsweise Calendulasalbe zum Einreiben in die Nase. Cardiospermumsalbe wird eingesetzt gegen allergische Hauterkrankungen mit Entzündungsneigung, juckenden Ausschlag und Ekzem.

Akupunktur

Diese fernöstliche „Nadeltechnik" ist auch in breiten Bevölkerungskreisen so bekannt, daß es hieße, Eulen nach Athen zu tragen, wenn hier eine ausführliche Beschreibung folgte. Neben vielen anderen Einsatzgebieten (wie Raucherentwöhnung) wird die Akupunktur auch gegen Allergien eingesetzt. Bei der Akupressur (wir kommen noch ausführlich darauf zu sprechen) wird mit den gleichen Körperzonen gearbeitet, dort aber nicht mit den Spezialnadeln gestochen, sondern mit den Fingern gedrückt.

Im Gegensatz zur Akupressur, die Sie ohne Gefahr für die Gesundheit selbst durchführen können, muß die Akupunktur durch den darin geschulten Arzt gemacht werden.

Das Setzen eines Reizes

Da nach Ansicht der chinesischen Medizin Körperoberfläche und Körperinneres in engem Zusammenhang stehen, kann durch Setzen eines Reizes an der Oberfläche ein Einfluß auf innere Organe ausgeübt werden. Die Weltgesundheitsorganisation WHO listet sogar über 40 Erkrankungen auf, bei denen die Akupunktur zumindest als Begleitmaßnahme empfohlen wird.

Da nach chinesch-medizinischer Ansicht Krankheit (und damit auch Allergie) der Zustand eines veränderten Energieflusses (Chi genannt) ist, muß dieser wieder hergestellt werden, damit der Körper gesunden kann. Bei ungestörtem Chi-Fluß kann der Körper auch mit äußeren (und inneren) negativen Einflüssen fertig werden.

Nebenwirkungen

Warum sich besonders bei Asthma der Versuch lohnt, mit Akupunktur dagegen vorzugehen, erläutert Professor Dr. Gertrude Kubiena vom Ludwig-Boltzmann-Institut für Akupunktur in Wien. „Der erste Grund ist, weil alle Medikamente Nebenwirkungen haben und weil Akupunktur im Gegensatz dazu nebenwirkungsfrei ist und Medikamente einspart. Ein weiterer großer Vorteil: Akupunktur kann mit allen anderen medizinischen Methoden – auch mit Medikamenten – kombiniert werden."

Einer Verschleimung der Luftwege wird durch die Akupunktur zum Beispiel entgegengewirkt, indem man den

Punkt M 40 sticht. Dieser liegt in der Mitte zwischen dem Kniegelenksspalt und dem höchsten Punkt des Knöchels. Wie sich an Untersuchungen mit Tieren gezeigt hat, bewirkt die „Nadelung“ von nur zwei Akupunkturpunkten am „Magenmeridian“, daß durch diesen Reiz der Organismus die Zahl der Antikörper, die auf Allergene losgehen, erhöht. Mit gutem Erfolg werden übrigens am Wiener Ludwig-Boltzmann-Institut für Akupunktur auch Pollenallergiker behandelt. Vor allem die Symptome lassen sich damit lindern.

Akupunktur für Pollenallergiker

Geoff Wadlow, Ko-Direktor der Londoner Schule für Akupunktur, der seine Erfahrungen direkt vor Ort von chinesischen Ärzten erworben hat, erzählt an Hand eines konkreten Beispiels, wie mit Akupunktur einem Asthmatiker geholfen werden konnte. „Die frühen Kindheitssymptome des Patienten zeigen, daß dessen Lungen-Chi schon frühzeitig geschwächt wurde. Das bestätigte sich durch seine chronischen Probleme mit den Nasennebenhöhlen und durch die Schwierigkeit, durch die Nase zu atmen.“

Zur Linderung der Symptome – laufende Nase und Hautausschlag – während einer akuten Phase regt Wadlow folgende Vorgangsweise an: „Chi-Kanäle (Akupunktur-Meridiane) für Dickdarm, Lunge, Magen und Milz nadeln. Die Hauptbehandlung in Zeiten ohne akute Beschwerden würde ich auf die zugrunde liegende Schwäche der Lunge konzentrieren. Und zwar durch eine Aktivierung von Lungen-, Nieren-, Harnblasenkanälen, eventuell auch des Leberkanals.“

Lebensstil und Ernährungsweise

Allerdings müßte dieser Patient als Begleitmaßnahme zur Wiederherstellung seines Chi seinen Lebensstil und die Ernährungsweise ändern, die beide Mitverursacher seiner Beschwerden gewesen seien, wie Wadlow betont.

Außerdem zeigen wissenschaftlich kontrollierte Untersuchungen, daß durch Akupunktur bei Allergikern einiges an Anti-Allergie-Medikamenten eingespart werden kann. Wichtig ist dabei: Immer zuerst mit einem Allergiespezialisten reden, erst dann eine Akupunkturbehandlung ins Kalkül ziehen!

Bioresonanz

Der Arzt Dr. Peter Schumacher berichtet über seinen „Einstieg" in die Bioresonanztherapie: „Für mich selbst – durch Studium und langjährige wissenschaftliche Kliniktätigkeit im klassischen Paradigma der Schulmedizin geprägt – schien es zunächst durchaus nicht selbstverständlich, die vorgegebenen Bahnen der Universitätslaufbahn zu verlassen und mich auf Gebiete zu wagen, wo man sehr bald den sicheren Boden des wissenschaftlich Beweisbaren unter sich verliert. Doch irgendwann begann das Unbehagen. Ich war Mitarbeiter einer Universitätsklinik, hatte die medizinisch-wissenschaftliche Laufbahn gewählt und war dementsprechend dabei, mich mehr und mehr immer ausschließlicher mit einem Teilgebiet der Medizin, der Kinderheilkunde, zu befassen. Mit zunehmender Spezialisierung war aber vieles von dem, das mich bewogen hatte, gerade die Medizin als Beruf zu erwählen, immer mehr und immer schmerzlicher verlorengegangen."

Vom Saulus zum Paulus

Und damit begann der Weg, der ihn vom Saulus zum Paulus machte. Nach intensiver Beschäftigung mit physikalischen Testmethoden und der Biophysik, „eine Welt phantastischer, grundlegender Erkenntnisse", wandte er sich der Bioresonanztherapie zu. Dr. Schumacher über seine ersten Erfahrungen damit: „Am beglückendsten und beeindruckendsten war aber das Erlebnis der unmittelbaren Umsetzbarkeit der gewonnenen Erkenntnisse in die Therapie mit nunmehr Ergebnissen, die vorher als unglaubwürdig und phantastisch eingestuft worden wären."

Bioresonanz – von Physikern als „Humbug" abgelehnt, auch von honorigen Professoren auf das schärfste angegriffen – ist vor allem wegen ihrer „Funktionsweise" aus dem Weltbild der naturwissenschaftlichen Medizin und Physik heraus gesehen unverständlich.

Doch wie sagte schon vor rund 2000 Jahren Hippokrates, der immer wieder als „Vater der Medizin" apostrophiert wird, so schön: „Wenn wir ein Phänomen nicht verstehen, so liegt das in der Regel an uns, aber nicht an dem betreffenden Phänomen."

Worum es dabei geht? Die Grundlage bildet die Quantenphysik und damit ein sehr spezialisiertes Gebiet der Physik, das noch relativ jung ist. Sie basiert, sehr einfach ausgedrückt, darauf, daß alles Schwingung ist. Was auch für alle Lebewesen und überhaupt alle Dinge dieser Welt Gültigkeit hat. Daher besteht auch der menschliche Organismus aus einer Vielzahl von Schwingungen.

Quantenphysik

Darauf aufbauend hat 1977 Dr. Franz Morell seine Bioresonanztherapie begründet und zusammen mit einem Elektroingenieur ein Gerät entwickelt, das diese Schwingungen registrieren kann. Woraus sich ableiten läßt, so Bioresonanzspezialisten, daß ein harmonisches Schwingungsbild Gesundheit bedeutet und ein disharmonisches auf eine Krankheit hinweist. Seine revolutionierende – und bis heute umstrittene, oft auch kopfschüttelnd einfach abgelehnte – Idee war: Jene Schwingungen, die vom Patienten ausgehen, nicht nur zur Diagnose, sondern auch zur Therapie zu verwenden. Mit dem von Dr. Morell entwickelten Gerät könne man die körpereigenen Schwingungen nicht nur messen, sondern auch verändern, sagen Bioresonanzärzte.

Harmonische und disharmonische Schwingung

Das gehe so vor sich: Eine ankommende „krankhafte" Schwingung könne „gespiegelt", also um 180 Grad „umgedreht" werden. Dazu wird ein „Umkehrgerät" zu dem Morell-Apparat zugeschaltet. Damit kann die zuerst empfangene Welle durch ihr „Spiegelbild" ausgelöscht werden.

Einige tausend Ärzte erleben es täglich in ihrer Praxis: Durch Bioresonanztherapie werden ihre Patienten von Allergien geheilt. Und das allein, so die Experten, durch Umkehren der schädlichen Schwingungen und ihre Wiedereinführung in den Körper, wodurch die „Krankheitsinformation" gelöscht wird. Dr. Schumacher: „Unser eigenes Erfahrungsgut umfaßt inzwischen weit über 1000 Einzelpatienten, von denen jeder die völlige Elimination seiner Allergie – in welcher Form auch immer sie sich ausgewirkt hatte – erlebt hat."

Die „Krankheitsinformation" wird gelöscht

In diesem Zusammenhang sei aber noch auf ein Gutachten von Schweizer Experten hingewiesen, die sich gründ-

Andere Schlußfolgerungen

lich mit der Bioresonanzanwendung beschäftigt haben und die zu ganz anderen Schlußfolgerungen kommen. In einem Bericht in der Österreichischen Ärztezeitung fassen sie zusammen: „Die physikalischen Grundlagen der Bioresonanz sind falsch. Das Bioresonanzgerät ist nicht in der Lage, durch Allergien veränderte elektromagnetische Wellen zu messen und durch Inversion Allergien zu heilen. Es gibt keine guten und bösen Wellen."
Fazit: Die Pro- und Contra-Fronten stehen sich unversöhnlich gegenüber. Beide Seiten haben – aus ihrem Blickwinkel gesehen – gute Argumente. Es bleibt also letzendlich dem Kranken überlassen, wem er sich anvertraut – jenen Ärzten, die mit all ihrem Wissen und Können die allergischen Erscheinungen auf bewährte herkömmliche Weise behandeln, oder jenen Ärzten, die aufgrund ihrer eigenen Erfahrung mit der Bioresonanz arbeiten, von deren heilsamer Wirkung sie überzeugt sind und die diese Therapie daher auch proklamieren.

Andere Therapien

Eigenblutbehandlung

Ebenfalls nur vom Arzt durchgeführt kann die sogenannte **Autosanguis-Stufentherapie** werden. Dabei handelt es sich um eine Variante der **Eigenblutbehandlung.**
Die Eigenbluttherapie wird als Reiztherapie beschrieben, nach der eine schwache Reizung die Selbstheilungskraft des Organismus verstärken kann. Bei dieser Therapieform wird dem Patienten Venenblut entnommen und – aufbereitet oder unbehandelt – dem Körper wieder zugeführt. Diese Therapieform wird allerdings nicht allgemein anerkannt.
Die **Autohomologe Immuntherapie** ist eine von dem Arzt Dr. Kief entwickelte Form der Eigenblut- bzw. Eigenurintherapie, bei der aus dem Serum oder Harn diverse Einweißstoffe oder Enzyme gewonnen und angereichert werden und in Form von Injektionen, als Nasentropfen oder als Inhalation und auch oral verabreicht werden.

Ebenfalls umstritten und daher praktisch nur von naturheilkundlich orientierten Ärzten angewendet wird das **Cantharidinpflaster**. Diese Therapieform, von Paracelsus besonders favorisiert, wirkt, wie dessen Verfechter sagen, wie eine Lymphdränage. Zusätzlich ließe sich damit auch die Tätigkeit der Immunzellen verstärken, was die Selbstregulationsfähigkeit des Organismus fördert. Angewendet wird das Cantharidinpflaster unter anderem bei Neurodermitis und Ekzemen. Da diese Therapieform außerordentlich intensiv wirkt, darf sie nie in Selbstmedikation angewendet werden.

Cantharidinpflaster

Die **Gesamtthymusextrakt-Behandlung**, 1938 entwikkelt, ist auch, wie die vorangegangenen, dem Arzt vorbehalten. Sie bewirkt eine Stimulierung des Immunsystems.

Durch die in Amerika aus der Taufe gehobene **Molekulartherapie** sollen Stoffwechselblockaden beseitigt, Entgiftungs- und Abwehrfunktionen gestärkt werden.

Die **Oxyvenierungstherapie**, ebenfalls bei Allergie verwendet, leitet sich auch von der Eigenbluttherapie ab und soll den Zellstoffwechsel sowie biologische Regulationsmechanismen fördern.

Als „Training für das Immunsystem" wird vom Epipharm-Allergieservice die kurz SIT genannte **Spezifische Immuntherapie** bezeichnet. Wie dazu die Allergologen Litvin und Lassen berichten, „waren die Ergebnisse nach dreijähriger SIT-Therapie bei 49 Kindern mit allergischer Rhinokonjunktivitis (Nasen-Augen-Schleimhautentzündung) und/oder Asthma mit standardisierten Pollenallergenextrakten überzeugend. Bei guter Verträglichkeit zeigten 95 Prozent der Patienten eine deutliche Besserung der Beschwerden sowie einen signifikant reduzierten Medikamentenverbrauch".

„Training für das Immunsystem"

Körpereigene Immunfaktoren werden zur gezielten Unterdrückung der Immunreaktion (Immunsuppression) bei dem **„Gegensensibilisierung und Hydrolysat nach K. E. Theurer"** genannten Verfahren zur Allergiebehandlung eingesetzt. Zu diesem Zweck wird dem Patienten ein „hydrolysiertes Eigenserum" injiziert.

Von den Brüdern Huneke, beide waren Ärzte, wurde Mitte der 30er Jahre die **Neuraltherapie** entwickelt. Neuraltherapeuten gehen davon aus, daß bestimmte „Störfelder", die sich sowohl an der Hautoberfläche als auch im Körperinneren befinden können, über Reize die großen Regelkreise im Körper beeinflussen, was zu einer Regulationsstörung führt, die in einer Krankheit mündet. Ähnliche Reaktionen sollen demnach auch von sogenannten Herden ausgehen – das sind Körperregionen, in denen störende Substanzen entstehen, die den Organismus negativ beeinflussen.

Substanzen die den Organismus beeinflussen.

Wird eine geringe Menge eines lokalen Betäubungsmittels (Lokalanästhetikum) in den Bereich eine Störfeldes oder Herdes injiziert, kommt es, so die Spezialisten für Neuraltherapie, zu einem Abbau der Störwirkung und damit zur Heilung einer störfeldbedingten Erkrankung.

Allergien, Ekzeme, Magen-Darm-Störungen sind ein Teil der Bereiche, in denen die **Symbioselenkung** genannte Therapieform zum Tragen kommt. Dabei geht es vor allem um eine Einregulierung der Darmflora und eine Stimulierung der Verdauungsorgane.

Was Sie selbst zur Stärkung Ihres Immunsystems beitragen können

Die Humanbiologin und Chemikerin Dr. Ingeborg Cernaj: „Viele Menschen meinen, daß die körpereigenen Abwehrkräfte nur dazu da sind, um die banalen, harmlosen Krankheiten abzuwehren. Doch das ist ein gewaltiger Irrtum. Das Immunsystem ist für viel mehr zuständig, als bloß ein paar läppische Erkältungen von uns fernzuhalten."

Immunsystem

Wie Sie im Kapitel über das Immunsystem erfahren haben, hat dieses eine Fülle von Aufgaben, die es nur ordnungsgemäß erfüllen kann, wenn auch das „Rundherum" paßt. So tragen etwa die wohlbekannten und immer wieder zitierten „Risikofaktoren" wie zu fette Ernährung, Alkohol, Nikotin, Bewegungsmangel entscheidend dazu bei, daß die körpereigene Abwehr „müde" und damit geschwächt wird. Was zur Folge hat, daß sie Dinge, die sie sonst im Handumdrehen meistert, nur noch mit Mühe, wenn überhaupt, bewerkstelligen kann.

Risikofaktoren

Da also das Immunsystem unseres Körpers die zentrale und entscheidende Rolle im Umgang mit Angriffen von außen spielt, ist es nur sinnvoll, ja recht und billig, hier den Hebel anzusetzen und diese Abwehrvorrichtungen zu stärken, so daß es erst gar nicht zu einer schwerwiegenden Turbulenz kommen kann. Denn viele Störungen des Immunsystems sind durchaus „hausgemacht", die Folge ungesunder und körperfeindlicher Lebensweisen. Durch Beseitigung der bisher gemachten Fehler können Sie das verschobene Gleichgewicht wieder ins Lot bringen.
Bevor wir uns mit den diversen Möglichkeiten, das Immunsystem zu stärken, auseinandersetzen, möchte ich Ihnen von einem seit Jahrtausenden verwendeten Mittel erzählen, das bereits im klassischen Altertum zur Stärkung der Abwehrkräfte des Körper verwendet wurde: Blütenstaub. Die Indianer Nordamerikas haben sich besonders diese

Mittels bedient und es als vorbeugende Arznei gegen Heuschnupfen und zur Stärkung eines angeschlagenen Immunsystems eingesetzt.
Danach werden Sie dann weitere Möglichkeiten erfahren, aus eigener Kraft etwas zu tun, um dem Körper selbst verbesserte Chancen zu geben, mit Allergenen und auch mit einer schon manifesten Allergie umzugehen bzw. fertig zu werden.

Aus der „Apotheke Manitous"

Die Indianer konnten sehr erfolgreich mit Hilfe der „Apotheke Manitous" dem Organismus die Kraft verleihen, von sich aus einer Allergie den Kampf anzusagen.
Es sei nur am Rande vermerkt, daß, wie es der Pharmazeut Dr. Joachim Exner ausdrückt, „die Indianer auf dem Höhepunkt ihrer medizinischen Kultur damals eine Lebenserwartung von mehr als 100 Jahren hatten. Im Mittelpunkt der Denkweise der nordamerikanischen Indianer stehen jedoch die Gesunderhaltung und Vorbeugung bei der Zubereitung und Empfehlung von Heilmitteln."

Indianer

Hier die „Medizin", die vorbeugend von indianischen Heiler eingesetzt wurde, um die Abwehrkräfte des Körpers zu stärken und auch heute noch empfohlen wird: der regelmäßige Genuß von Bienenpollen. Man verordnete zwei gehäufte Teelöffel davon täglich. Die löffelweise eingenommenen Pollen wurden langsam zerkaut. Der Erfolg stellte sich allerdings nicht gleich ein. Nach etwa sechs bis zehn Monaten wirkte diese Vorgangsweise erst so richtig – dann aber nachhaltig.
„Wie es scheint", betont der subtile Kenner der Indianer-Medizin, Heinz Stammel, „haben die Indianer regelmäßige Gaben von Blütenpollen als das langzeitlich wirkungsvollste Mittel gegen Heuschnupfen eingesetzt."

Geheimnis des Medizinmannes

Was früher allerdings ein strenggehütetes Geheimnis des Medizinmannes war, wird heute bereitwillig preisgegeben: Man zerreibe einen Teelöffel voll Pollenkörner in einem Porzellanmörser mit destilliertem Wasser zu einer dünnen Paste. Dieses Gemisch wird daraufhin nochmals mit destilliertem Wasser (30 Milliliter) verdünnt. Eingenommen wird dieses „Präparat" unmittelbar vor der Mahlzeit.

Pollenkörner

Sie können aber auch, was moderne Indianer-Mediziner empfehlen, einen Teelöffel Pollenkörner auf Frucht- oder Gemüsesalat streuen,

- in Joghurt einrühren,
- mit Honig, Marmelade oder Fruchtgelee mischen,
- auf ein Butterbrot (Vollkorn!) streuen.

Pollen enthalten alles, was man zum Leben braucht

Doch bitte beachten Sie: Es ist wissenschaftlich erwiesen, daß Blütenstaub eine abwehrstärkende Wirkung auf Gesunde hat. Mehr noch: Pollen enthalten alles, was man zum Leben braucht. Rund 30 Gramm Pollen würden bereits ausreichen, haben Wissenschaftler errechnet, um den Einweißbedarf eines Erwachsenen zu sichern. 30 Gramm sind zwei Teelöffel voll. Pollen sind aber auch reich an Mineralstoffen und Spurenelementen, unerläßlichen Garanten für Gesundheit und Widerstandsfähigkeit.

Pollen liefern Vitamine

Laboranalysen haben ergeben, daß in einer durchschnittlichen Pollenprobe enthalten sind: Kalium, Magnesium, Calcium, Kupfer, Eisen, Silizium, Phosphor, Schwefel, Mangan. Außerdem enthalten Blütenpollen nahezu alle Vitamine, die der Mensch braucht. Aber das ist noch nicht alles: Zucker, Wachstumsstoffe, Enzyme sind ebenfalls in diesen winzigen Körnchen Natur enthalten sowie Antibiotika und Hormone.

Propolis

Daher wurde auch das schon in der Antike Propolis genannte Bienenkittharz unter anderem als Antibiotikum verwendet. Wie sich durch moderne Untersuchungen herausstellte, erhöht Propolis auch die Abwehrkraft des Körpers, fördert die Durchblutung und hemmt Entzündungen.

Bei Überempfindlichkeit für Pollen können diese Bienenprodukte durchaus auch allergische Reaktionen hervor-

rufen. Daher sollte bei bestehender Allergieneigung voher mit dem Arzt gesprochen werden.
Das heißt aber keineswegs unter allen Umständen Hände weg von Blütenpollen. Es gibt nämlich bereits spezielle Blütenpollenzubereitungen, wie Experte Gerhard Leibold berichtet, die zum Abbau der Überempfindlichkeit (Desensibilisierung) bei Heuschnupfen eingesetzt werden „und ersparen die sonst üblichen Injektionen zur Desensibilisierung über Jahre hinweg".

Abbau der Überempfindlichkeit

Sollten Sie aber Allergiker sein, bitte fragen Sie Ihren Arzt, welche Art von Pollen Sie unbedingt meiden sollten – die meisten Pollenallergiker sind auf Gras-Blütenstaub (und da nur auf einige wenige Arten) besonders empfindlich (siehe Anhang 1).
Es muß nicht ausdrücklich erwähnt werden, daß natürlich nicht nur Pflanzenpollen stimulierend für das Immunsystem wirken. Die Phytomedizin kennt da eine Reihe von Gewächsen, die in dieser Hinsicht wahre Herkulesarbeit leisten.
So etwa die auffallend purpurrote Pflanze „Sonnenhut", die schon seit Jahrhunderten gegen Erkältungen vorbeugend verwendet wird und auch bei den Indianern hoch im Kurs stand. Der „Sonnenhut" ist in Nordamerika beheimatet und kam erst durch Blumenfreunde wegen seiner schönen Blüten in europäische Gärten.

Phytotherapie

Die beiden profunden Kenner der Phytotherapie und Autoren eines einschlägigen Lehrbuches, Professor Dr. Rudolf Hänsel, Freie Universität Berlin, und Prof. Dr. Hans Haas, Universität Heidelberg, berichten über die Wirkungsweise des Sonnenhuts: „Diese Pflanze bewirkt eine Aktivierung der Phagozyten genannten Freßzellen. Damit werden Fremdkörper, Mikroben und Gewebstrümmer von diesen Zellen aufgenommen und damit beseitigt."
Verwendet werden sowohl die Wurzel als auch das ganze Kraut. Dabei wird besonders die Wundheilungsfähigkeit dieser Pflanze speziell bei alten schlecht heilenden Wunden und Geschwüren geschätzt. Pflanzenheilkundler Professor Dr. Fritz Weiß, Lehrbeauftragter für Phytotherapie an der Universität Tübingen „Bei innerlicher Gabe wirkt

Echinacea (das ist der wissenschaftliche Name des Sonnenhuts, Anm. d. Verf.) resistenzsteigernd, stimulierend auf das Lymphgefäßsystem und auf die Fibroblasten genannten Zellen. Es hat sich bewährt als ein Mittel zur Hebung der körpereigenen Abwehr." Der Gesamtextrakt aus dieser „vielseitigen" Pflanze wirkt sogar gegen Viren (antiviral), stellt Prof. Weiß fest. „Überdies bleibt auch bei längerer Lagerung bei Zimmertemperatur das virushemmende Prinzip erhalten. Die virushemmende Wirkung zeigt sich gegen alle Viren", ergänzt Prof. Weiß.

Der Motor wird angekurbelt

Anregung der Körperkräfte

Durch die Inhaltsstoffe dieser Pflanze und ihrer Verwandten aus der großen Familie der Korbblüter kann freilich nur eine „unspezifische" Anregung der Körperkräfte stattfinden. Das heißt nichts anderes als: Der Motor wird angekurbelt, anspringen muß er dann von selbst.
Ebenfalls zur Vermehrung der Freßzellen tragen Arnika und Bergwohlverleih bei, berichtet die Veterinärmedizinerin und Spezialistin für das Immunsystem, Dr. Kari Köster-Lösche. „Wilder Indigo", so die Medizinerin, „und Baptisia sind Pflanzen, die die Vermehrung von Freßzellen fördern und für ein besseres Zusammenspiel der Zellen untereinander sorgen. Auf gleiche Weise agiert auch Aloe."
Darüber hinaus hat die Pflanzenheilkunde noch eine Reihe weiterer Phytotherapeutika für allergiegeplagte Patienten parat. Zum Beispiel das Pflänzchen Augentrost, im Fachjargon der Botaniker Euphrasia genannt. Wie sein Name schon sagt, hilft es bei Augenproblemen. So kann damit bei allergisch bedingter Bindehautentzündung vorgegangen werden. Verwendet wird dazu das ganze Kraut. „Rötungen und Schwellungen gehen durch Umschläge mit Augentrostabkochungen überraschend schnell zurück. Man kann gleichzeitig den Euphrasiatee innerlich geben", betont Experte Dr. Weiß.

Die oberirdischen Teile der in Nordamerika beheimateten Pflanze namens Lobelia wurden früher häufig zur Entspannung der gereizten überempfindlichen Luftwege verwendet. Wegen ihrer nur kurz anhaltenden Wirkung und auch aus anderen Gründen wird heute aber nur noch selten darauf zurückgegriffen.
Die Verengungen von Bronchien, die pfeifenden Atem und Atemlosigkeit verursachen, können durch Gewächse aus der Gruppe der Wolfsmilcharten beseitigt werden.

Bronchialkatarrh

Übrigens haben die Irokesenindianer Bronchialkatarrh mit einem leichten Tee aus einer bei uns allerdings nicht vorkommenden Wolfsmilchart wegen seiner auswurffördernden Wirkung behandelt.

Ginseng stimuliert die Abwehrzellen

Professor Florence Lee, Universitätslehrerin an der Universität von Seoul und Leiterin des pharmakologischen Labors des Korea-Ginseng-Forschungs-Instituts, hat die „Menschenwurzel" genannte Ginsengpflanze und deren Inhaltsstoffe gründlich untersucht und einige Dutzend wissenschaftliche Facharbeiten darüber verfaßt. Bei ihren Untersuchungen – und mittlerweile auch schon in einer Reihe von Labors rund um den Globus – stellte sich heraus: Extrakte aus dieser fernöstlichen Pflanze können sehr wohl die körpereigene Immunabwehr stimulieren. Es konnte wissenschaftlich belegt werden, daß durch die Gabe von Ginseng die Zahl der roten Blutkörperchen erhöht wird.
Der in Amerika lebende und lehrende Fachmann für chinesische Medizin Dr. Albert Leung erklärt: „Die Ginsengwurzel wird zur Behandlung von Leiden verwendet, bei denen die Widerstandsfähigkeit des Körpers erhöht werden muß."
Forscher der Abteilung für Pharmakognosie, Chemotherapie und Toxikologie der Universität Mailand, die Extrakte aus der Ginsengwurzel und deren Wirkung auf das Immunsystem untersuchten, kamen zu dem eindeutigen

Schluß: Bereits nach vier Wochen hatte sich die Zahl der für die Abwehr bedeutenden Lymphozyten erhöht. Es gab also eine deutlich meßbare Erhöhung von körpereigenen Immunzellen. Professor Francesco Scaglione, der diese Studien durchführte, geht noch einen Schritt weiter und stellt überdies fest: „Unsere Untersuchungsergebnisse legen außerdem nahe, daß der Ginsengextrakt eine wichtige Rolle bei der Verhütung und in der Therapie von Atemwegserkrankungen spielt."

Erhöhte Widerstandsfähigkeit gegen Erkältungen

Die in dieser Pflanze enthaltenen Inhaltsstoffe – die sogenannten Ginsenoide – sind auch dazu in der Lage, die Widerstandsfähigkeit gegen Erkältung und andere Infektionskrankheiten zu erhöhen. Das hat sich bei Experimenten gezeigt, die vom schwedischen Wissenschaftler Professor Dr. Peter Eneroth am renommierten Karolinska Institut durchgeführt wurden.

Infektionskrankheiten

Nicht zuletzt hat die Phytotherapie noch einen bedeutsamen Aspekt: „Da die verschiedenen Streßfaktoren unserer Umwelt und die erweiterte bzw. zu exzessiv betriebene Chemotherapie eine mehr oder minder starke Suppression oder Schädigung unseres Immunsystems zur Folge haben, gilt es, denen entgegenzuwirken. Was durch diverse Phytopräparate hervorragend geschehen kann", rückt Professor Dr. Hildebert Wagner einen bisher nur am Rande beachteten Aspekt der Phytotherapie ins rechte Licht.

Zum Abschluß des Abschnitts über Phytotherapie noch zwei Teerezepte gegen Asthma. Diese Tees, die man leicht selbst zusammenstellen oder auch in einer Apotheke kaufen kann, sollte man jedoch nicht ohne Rücksprache mit einem Arzt zu sich nehmen. In seinem „Ratgeber Heuschnupfen" führt Gerhard Leibold folgende Rezepturen an:

Asthma

Teemischungen gegen Erkältung

- Je fünf Eßlöffel Eibisch und Spitzwegerich, je vier Eßlöffel Gänsefingerkraut und Huflattich, je drei Eßlöffel Fenchel und Thymian, je einen Eßlöffel Isländisches Moos, Königskerze und Veilchen mischen. Zwei Teelöffel dieser Mischung mit einer Tasse kaltem Wasser zum Kochen bringen, zehn Minuten zugedeckt ziehen lassen und danach abseihen.

Von dieser Zubereitung sollten, so Leibold, täglich zwei bis vier Tassen schluckweise warm mit etwas Kandiszukker oder Honig langsam getrunken werden. Honig darf allerdings nur dann verwendet werden, wenn nachgewiesenermaßen keine Allergie dagegen besteht. Das gilt in gleicher Weise für die übrigen Ingredienzien dieses Tees.

- Mischung zwei: Je drei Eßlöffel Gänsefingerkraut, Huflattich, Spitzwegerich und Thymian, je zwei Eßlöffel Angelika, Eibisch, Lungenkraut und Pestwurz, je einen Eßlöffel Gänseblümchen, Holunder und Veilchen mischen. Zwei Teelöffel dieser Mischung mit einer Tasse kochendem Wasser überbrühen, zehn Minuten ziehen lassen und abseihen.

Die Tagesration von zwei bis vier Tassen wird schluckweise warm getrunken.

Akupressur

Die Symptome der Allergie lindern

Eine bewährte Methode, die Symptome einer Allergie zu lindern, ist die Akupressur. Dieses Verfahren ist wahrscheinlich noch vor der Akupunktur entstanden. Dabei wird durch Drücken mit dem Daumen auf die Akupunkturpunkte ein Reiz ausgeübt. Diese Methode kann man auch selbst anwenden. In China werden bereits Schulkinder damit vertraut gemacht und erhalten Unterricht in Akupressur.

Aber Akupressur ist keine Therapie. Denn auf das allergische Geschehen selbst nehmen der Daumendruck und die Massage der entsprechenden Stelle keinen direkten Einfluß.

Akupressur gegen ...

In China wird übrigens der Körper in sechs Massagezonen eingeteilt, die da sind: Region Fuß bis Knie, Oberschenkel bis Kreuzbein, Kreuz- und Bauchregion, Hand bis Ellbogen, Schulter und Halsbereich, Kopf und Gesicht.

... Heuschnupfen, ...

Bewährt hat sich die Akupressur zum Beispiel bei Kopfschmerzen, Schlafstörungen, Depressionen, aber auch bei Heuschnupfen. Dabei wird folgendermaßen vorgegangen: Mit den Kuppen der Zeigefinger wird jeweils zirka eine Minute auf jenen Jochbogenpunkt gedrückt, an dem die Augenbrauen Richtung Nasenwurzel enden. Diese Stelle zu finden dürfte keine Probleme bereiten, denn genau dieser Punkt ist schmerzempfindlicher als die Umgebung. Ein weiterer Akupunkturpunkt, der bei Heuschnupfen aktiviert werden kann, liegt unmittelbar unter den Nasenlöchern.

... tränende Augen, ...

Bei stark tränenden Augen empfiehlt es sich, zwei Punkte der inneren Augenwinkel für 30 Sekunden niederzudrükken – und zwar in Richtung Nasenbein.

... Darmstörungen, ...

Da Allergien oft auch mit Darm- bzw. Stoffwechselstörungen Hand in Hand gehen, ist es ratsam, den Hebel auch an den dafür zuständigen Akupunkturpunkten anzusetzen. Dazu drücken Sie den Akupunkturpunkt Di4, der auf dem sogenannten Dickdarmmeridian liegt. Auch dieser Punkt ist leicht zu finden. Er liegt auf der höchsten Stelle des sich bildenden Muskelwulstes, wenn man Daumen und Zeigefinger zusammenpreßt und zwar in Verlängerung des Zeigefingers. Dieser Punkt, der ebenfalls empfindlicher reagiert als die Umgebung, sollte mit dem gegenüberliegenden Daumen eine Minute lang massiert werden.

Gute Erfahrungen wurden auch mit dem Punkt KS6 gemacht. Dieser liegt drei Querfinger von der inneren Handgelenksfalte entfernt zwischen Elle und Speiche. Da dieser Punkt auf dem Kreislauf-Meridian liegt, wird durch sein Drücken eine allgemeine Kräftigung erlangt. Er sollte eine Minute lang vibrierend massiert werden.

... und Asthma

Auch bei allergisch bedingtem Asthma kann die Akupressur Erleichterung bringen. Ein Massieren der Stelle, wo die beiden Schlüsselbeine aneinander treffen, bringt Erleichterung bei Husten, kann aber auch einem bevorstehenden Anfall vorbeugen.
Akupressurexpertin Med.Rat Dr. Hermine Tenk rät überdies: „Von Punkt G20 kann man jeden allergischen Juckreiz sofort erleichtern. Dies gilt auch für allergische Ausschläge. Der Punkt G20 ist zwischen den beiden Muskelansätzen unter dem Hinterhauptsknochen lokalisiert." Man sollte ihn ziemlich stark pressen.

Förderung des Energieflusses

Ganz abgesehen von der Förderung des Energieflusses bewirkt das Massieren der Haut und Muskulatur eine verbesserte Durchblutung und mithin eine Stärkung der Immunlage durch eine intensivere Sauerstoffversorgung des Körpers.

Reflexzonenmassage

Man kann sich selbst in Notfällen und bei akuten allergischen Beschwerden sehr effektiv mit der Fuß-Reflexzonenmassage helfen. Doch ist es dazu unerläßlich, sich von Fachleuten gründlich einführen zu lassen. Denn eine Reihe von Reflexzonenpunkten liegen sehr nahe beieinander, und als Laie, der nur so einmal „hingreift", kann man sehr leicht die falsche Stelle erwischen – und daher auch eine andere Wirkung als die geplante erzielen.
Nach Auffassung der fernöstlichen Medizin widerspiegelt sich an den Händen, den Füßen und am Ohrläppchen der ganze Körper mit seinen Organen. Daher werden, dieser Meinung zufolge, durch Massage bestimmter Areale etwa an den Fußsohlen bestimmte Organe angeregt und in ihrer Tätigkeit stimuliert.

Eine alte Massagetechnik

Medizinhistoriker glauben, Beweise dafür gefunden zu haben, daß schon im alten Ägypten, im Römischen Reich, aber auch bei den Inkas und den Indianerstämmen Nordamerikas diese Spezial-Massagetechnik geübt wurde. Die moderne Form der Reflexzonenmassage wurde aber erst 1913 von einem amerikanischen Arzt in der Fachpresse beschrieben.

Keine Therapie

Auch hier muß betont werden: Die Reflexzonenmassage ist keine Therapie, mit der man gezielt gegen eine Allergie vorgehen kann, sondern eine unterstützende Maßnahme, die den Organismus bzw. einzelne Organe anregt, um so effizienter arbeiten zu können und mit den Irritationen oder „Gleichgewichtsstörungen" im Körper besser selbst fertig werden zu können bzw. einer vom Arzt verordneten Therapie zu besseren Startbedingungen zu verhelfen, will heißen, mit geringeren Medikamentendosen einen besseren Erfolg zu erreichen.

Fußreflexzonenmassage

Die Fußreflexzonenmassage geht davon aus, daß durch Massage bestimmter Areale des Fußes Störzonen beseitigt und dadurch die Energieflußverhältnisse normalisiert werden. Diese uralte Technik wurde von Dr. William Fitzgerald „wiederbelebt". Er fand unter anderem heraus: Durch Druck und Massage an bestimmten Stellen der Fußsohle können Kopfschmerzen, Magenbeschwerden und andere Gesundheitsstörungen positiv beeinflußt und manchmal auch zum Verschwinden gebracht werden.
Die Reflexzonen für die rechte Körperhälfte sind, stellen Experten fest, auf dem linken Fuß lokalisiert und vice versa. Massiert wird aber nicht nur die Fußsohle, sondern der ganze Fuß innen und außen bis zu den Knöcheln hinauf.

Hydrotherapie

Stärkung des Immunsystems

Wasser ist nicht nur zum Waschen und Trinken da. Es wird schon seit mehr als 1000 Jahren für die Therapie unterschiedlichster Erkrankungen und ganz generell zur Stärkung des Immunsystems und damit der Verbesserung der Abwehrlage eingesetzt. Oder, wie es der weltweit bekannte Wörishofener „Wasserdoktor“ Pfarrer Sebastian Kneipp einmal ausdrückte, es sorgt die Wasseranwendung für eine geringe Störbarkeit und große Belastbarkeit des Organismus.

Kneipp

Kneipp-Anwendungen haben den Vorteil, daß sie ohne Zufuhr von Medikamenten durchgeführt werden können. Eine weiteres Plus: Die von Pfarrer Kneipp ersonnenen Methoden können auch zu Hause angewendet werden.

Eine Auswahl der beliebtesten und leicht durchführbaren Wasseranwendungen nach Kneipp, die die Körperabwehr harmonisieren und die körpereigene Cortisonausschüttung anregen, sind:

- Wassertreten. Dazu wird die Badewanne bis zur Wadenhöhe mit kaltem Wasser gefüllt. Dann wird etwa zwei Minuten lang durch das Wasser marschiert, indem bei jedem Schritt ein Fuß über die Wasseroberfläche gehoben und darauf wieder in diese abgesenkt wird.

Diese Anwendung wird für den Morgen empfohlen, kann aber auch zusätzlich abends durchgeführt werden, wenn aus ärztlicher Sicht nichts dagegen spricht.

Heilkraft des Wassers

Nicht umsonst spielt seit alters her das Wasser in der Medizin eine zentrale Rolle. Die Heilkraft des Wassers haben die Brüder Hahn (beide waren Ärzte) sowie Prießnitz und nicht zuletzt Pfarrer Kneipp (wieder)erkannt und heilbringend eingesetzt. Wasser wirkt gleich dreifach auf den Organismus, wie auch schon diese Pioniere der Hydrotherapie feststellten. Nämlich thermisch (warm oder kalt), physikalisch (Druck) und chemisch (durch seine Zusammensetzung).

Die Auftriebswirkung des Wassers ist besonders bei der Bewegungstherapie in einem Kur- oder Heilbad von Bedeutung, hebt Hydrotherapeut Dr. Rudolf Becker hervor: „Dadurch wird das Körpergewicht bis auf ein Zehntel reduziert und gemäß der Dichte des verdrängten Volumens in dreiprozentigem Salzwasser nahezu eine Schwerelosigkeit erreicht.“

Stärkung des Kreislaufs

Der physikalische Reiz, den das Wasser auf den Körper ausübt – egal in welcher Anwendungsform – liegt vor allem in einer Stärkung des Herz-Kreislauf-Systems, Förderung des Stoffwechsels, des vegetativen Nervensystems und damit auch in einer Kräftigung der körpereigenen Abwehrmechanismen. Dazu kommt noch, daß durch Zugabe bestimmter Stoffe die Atmung (Atmungsmuskulatur) gefördert werden kann, womit sich auch die Sauerstoffversorgung des ganzen Körpers erhöhen und Hand in Hand damit die Widerstandsfähigkeit verbessern läßt.

Abwehrmechanismen

Wie Dr. Becker berichtet, kann nämlich allein durch die Zugabe von Rosmarin- oder Fichtennadel-Badezusatz die eingeatmete Luftmenge pro Minute gegenüber einem Bad ohne Zusatz gesteigert werden. Darüber hinaus werden diese Zusatzstoffe (nur in geringer Menge) von der Haut aufgenommen und gelangen auf diesem Weg auch in den Körper.

Besonders bei Wasseranwendungen nach Kneipp werden Zusätze viel verwendet. Sie kommen zum Einsatz, um eine stärkere und länger anhaltende Wirkung des Bades schon bei niederen Temperaturen zu erreichen.

Dusche am Morgen

Bereits eine Dusche am Morgen kann Frische für den ganzen Tag verleihen! Denn abgesehen von der Wassertemperatur wirkt hier auch der mechanische Reiz des Wassers, das aus größerer Höhe in dicken Strahlen auf die Haut auftrifft. Eine kalte Dusche, im täglichen Sprachgebrauch eher negativ belegt, wirkt aus der Sicht der Medizin hingegen äußerst positiv, ist allerdings nicht jedermanns Sache und auch nicht in allen Fällen anzuraten. Daher: Vorher mit dem Arzt sprechen.

Einfluß auf die Wirkung

Es sei hier auch noch kurz erwähnt, daß neben der Tageszeit der Wasseranwendung (kaltes Wasser wirkt zwischen 3 Uhr morgens und 15 Uhr intensiver als danach) auch die Jahreszeit – durch unterschiedliche Fetteinlagerung und Wärmeanpassung – Einfluß auf die Wirkung hat. Mit spielt aber auch die Körperstelle, an der das Wasser angewendet wird. Dr. Becker: „An den Armen und im Gesicht besteht nicht zuletzt auf Grund der Dichte der Kaltrezeptoren eine größere Thermostabilität als an den Beinen."

Wechselwarm für das Abwehrsystem

Heilkraft des Wassers

In der Hydrotherapie (das ist die medizinische Anwendung der Heilkraft des Wassers) beschränkt man sich nicht nur auf warm oder kalt. Wechselwarme Anwendungen werden – zum Beispiel als Fußbäder – zum Training der Blutgefäße eingesetzt, sie tun auch dem Abwehrsystem gut. Dabei wird meist über fünf Minuten hinweg mit Temperaturen um 37 bis 39 Grad begonnen, und dann 10 bis 20 Sekunden lang in kaltes Wasser (14 bis 20 Grad) gewechselt. Solche wechselwarmen, den Blutkreislauf fördernden Anwendungen müssen aber immer kalt abgeschlossen werden.
Die häufigsten Anwendungen sind: Abreibungen, Abwaschungen, Auflagen, Bäder (mit Badezusätzen), Dampfanwendungen, Inhalationen, Duschen, Güsse, Wickel.
Aus dem bisher Gesagten geht schon hervor, daß Wasser nicht nur am Ort der Anwendung seine Wirkung entfaltet.

Wasseranwendung

Die Wasseranwendung umfaßt über 140 verschiedene Möglichkeiten und wurde daher auch „Mikrometerschraube der physikalischen Medizin" genannt. Schon daraus ist ersichtlich, daß nur der Fachmann den „Durchblick" haben kann, welche Anwendung für wen und gegen welche Art von Beschwerden zielführend ist. Durch diese Vielfalt kann die Therapie aber sehr individuell auf den Patienten abgestimmt werden.
Ein großer Vorteil der Hydrotherapie ist aber auch, daß sie, wie Prof. Becker betont, „einfach anzuwenden ist, vor allem auch im häuslichen Bereich, und daher gerade auch für die praktisch Tätigen von großem Interesse".
Besonders beliebt und weit verbreitet sind Dampfbad und Sauna. Dadurch wird die Schweißproduktion gefördert

und Stoffwechselschlacken aus dem Körper entfernt. Aber als wichtige Grundregel gilt: Nichts übertreiben. So sollte man sich anfangs im Dampfbaderaum nicht länger als 10 Minuten aufhalten.

Dampfbäder

Angezeigt sind Dampfbäder bei Stoffwechselleiden, Rheuma, Fettsucht und diversen Hauterkrankungen.

Gesundbrunnen Sauna

In die Sauna sollte man allerdings erst nach Rücksprache mit dem Arzt gehen. Denn diese Wasseranwendung führt zur maximalen Erweiterung der Hautgefäße und damit zwangsläufig zu einer Belastung des Kreislaufs. Man sollte aber nie mit vollem Magen in die Sauna gehen, Alkoholaufgüsse vermeiden und, soweit möglich, den „Saunatermin" in die frühen Abendstunden legen. Saunabesucher, hat eine in Freiburg durchgeführte wissenschaftliche Untersuchung ergeben, sind kürzer und weniger oft krank als ein nicht „saunierendes" Vergleichskollektiv.

Die Wirkung einer Wasseranwendung hängt allerdings sehr stark von der Wassertemperatur ab.

Warmes Wasser führt dem Körper Wärme zu, entspannt, fördert den Schlaf, läßt die Blutgefäße erschlaffen und senkt daher den Blutdruck. Warmes Wasser regt aber auch den Stoffwechsel an und fördert die Ausscheidung von unnötigem Ballast und Giftstoffen durch den Schweiß. Dadurch wird gleichzeitig die allgemeine Abwehrlage verbessert.

ansteigende Anwendungen

Die „ansteigenden Anwendungen" beginnen mit Temperaturen um 36 Grad. Durch vorsichtige Zugabe von heißem Wasser wird dann die Temperatur innerhalb von 10 Minuten auf 39 bis 40 Grad erhöht. Damit wird das Schwitzen stärker als bei anderen Wasseranwendungen gefördert.

Besonders gut zur Abhärtung und Stärkung des Immunsystems eignen sich wechselwarme Anwendungen. Damit werden das Gefäß –, aber auch das Nervensystem durch den Wechsel von Kalt und Warm ausgezeichnet trainiert.

Verstärkte Wärmeproduktion

Kaltes Wasser regt Stoffwechsel und Durchblutung an und provoziert eine verstärkte Wärmeproduktion des Körpers. Im Unterschied zur Warmwasseranwendung, wo passiv Wärme an den Körper gebracht wird, wird hier der Organismus aktiv zur Erzeugung von Wärme angeregt. Damit werden nicht nur die Abwehrkräfte des Organismus deutlich erhöht, sondern auch die Ausschüttung des körpereigenen Nebennierenrindenhormons Cortison.

Wassertreten, Meerwassertrinkkuren und Unterwassermassage sind weitere verbreitete Anwendungen der Hydrotherapie. Wassertreten ist ebenfalls von Pfarrer Kneipp sehr stark favorisiert worden. Dabei soll das Wasser bis zur Mitte der Wade reichen. Es ist in diesem Fall völlig egal, ob man dazu die eigenen Badewanne benützt, sich der Einrichtungen eines Kurortes bedient oder ganz einfach in einen Fluß steigt. Jedenfalls sollte man zwei Minuten durchhalten, bis die spürbare Wirkung auf den Organismus eintritt. Diese Art der Wasseranwendung mit Kaltwasser hilft unter anderem gegen Schlafstörungen.

Entschlackung

Durch die Anwendung von Wasser unterschiedlicher Temperatur wird der Kreislauf gefördert, das Immunsystem auf Trab gebracht und über den Schweiß eine Entschlackung in die Wege geleitet. Die Hydrotherapie kann somit – richtig und fachmännisch angewendet – den Körper und seine Abwehrkräfte stärken.

Auf den eigenen Körper hören

Bei Herz-Kreislauf-Problemen, Rheuma, Verspannungen, aber genauso gut zum Streßabbau und Anregung des Stoffwechsels wird heute die Wasserbehandlung mit gutem Erfolg eingesetzt.

Wie lange welche Art der Therapie angewendet werden soll, hängt weitgehend von der Art der Erkrankung und dem allgemeinen Gesundheitszustand des Anwenders ab.

Als allgemeine Faustregel gilt: Ihr Körper sagt Ihnen, wann Sie zuviel des Guten (oder auch Schlechten) tun. Beachten Sie unbedingt diese Signale und glauben Sie nicht, „Höchstleistungen" vollbringen zu müssen.

Faustregel

Freude ist immer die beste Motivation. So auch bei der Wasseranwendung. Man kann nämlich damit auch eine Menge Spaß haben. Etwa, wenn man, wie es Traute Molik-Rimer in ihrem Buch „Gymnastik in der Badewanne" schildert, damit auch noch zusätzlich die Wirbelsäule und die Rückenmuskulatur ein wenig trimmt.

Sport zur Steigerung der Abwehrkräfte

Angeblich sind 55 Prozent der Bevölkerung in Ballungszentren Nichtsportler. 22 Prozent der „anderen Hälfte" betreiben nur gelegentlich Sport. Wer etwas für seine Gesundheit – und damit die Kräftigung des Immunsystems – tun will, sollte das nicht nur regelmäßig machen, sondern auch darauf achten, daß dieses „Bewegen" nicht zu kurz ausfällt. Dazu erklärt Dr. Rainer Schroth, ein Nachfahre des Erfinders der „Schrothkur": „Die Zeit, die Sie für sportliche Tätigkeiten wie Wandern, Laufen, Radfahren usw. aufwenden, soll drei Stunde pro Woche nicht unterschreiten."

Sportliche Tätigkeiten

Daß Bewegungsmangel krank macht, ist eine Binsenweisheit, die aber doch in der breiten Bevölkerung viel zu wenig zur Kenntnis genommen wird. Wissenschaftliche Untersuchungen belegen: Bereits nach 20 bis 30 Minuten körperlicher Belastung nimmt die Zahl der sogenannten Killerzellen deutlich zu. Und damit wird auch die körpereigene „Schutzpolizei" vermehrt, kann sie ihre Tätigkeit noch wirkungsvoller ausführen. Gleichzeitig steigt auch, das haben ebenfalls Forscher herausgefunden, die Anzahl der B-Lymphozyten, die im Immunsystem für die Produktion der Antikörper verantwortlich sind, steil an. Das wurde in Laboruntersuchungen festgestellt und auch die Tatsache, daß sich nach körperlicher Betätigung die Aktivität der Immunzellen steigert.

Schutzpolizei

Negative Auswirkungen

Wichtig ist dabei, daß nicht nach dem Motto „Doppelt hält besser" vorgegangen wird! Denn ein Übermaß an Anstrengung kann sehr negative Auswirkungen haben und genau das Gegenteil dessen bewirken, was damit angestrebt wird.

Daher die Empfehlung von Sportmedizinern: Zwei- bis dreimal pro Woche 35 bis 40 Minuten laufen, radfahren oder schwimmen.

Stärkung vieler Körperfunktionen

Sport wirkt auf vielfältige Weise

Durch sportliche Betätigung (aber nicht durch Rekordsucht, um jeden Preis Hochleistungen erreichen zu wollen) wird eine Fülle von Körperfunktionen auf Trab gehalten und damit findet auch eine weitere Möglichkeit statt, das Immunsystem kräftig zu erhalten. Unter anderem sind das:

- Vertiefung der Atmung durch intensive Bewegung. Damit kann der weitverbreiteten „Zivilisationskrankheit" des zu flachen Atmens erfolgreich und auf natürlichem Wege entgegengewirkt werden.
- Anregung des Blutflusses. Was dazu beiträgt, den ganzen Körper intensiver mit Sauerstoff zu versorgen, da er besser durchblutet wird.
- Harmonisierung des vegetativen Nervensystems, womit auch ein überaus positiver Impuls für das Seelenleben verbunden ist. Auf diese Weise können psychosomatisch bedingte Störungen, die auch das Immunsystem in seiner Aktivität dämpfen können, abgebaut werden.
- Erhöhung der Streßtoleranz. Streß, das ist hinlänglich bekannt, kann krank machen und damit die Abwehrkräfte des Körpers schwächen. Eine erhöhte Streßtoleranz hat folglich auch eine Verbesserung der Abwehrlage zur Folge.

Wo ein Wille ist, ist auch ein Weg: Die Psycho-Connection

Daß Körper und Seele eng zusammenwirken und daher in einem gesunden Körper auch eine gesunde Seele ist, das haben schon die alten Römer gewußt. Wer seelisch krank oder zumindest angekränkelt ist, der schwächt seinen Körper, macht aber auch das Immunsystem verwundbarer.
Wie Sie auf der Psychoachse Ihrem Körper eine wertvolle Hilfestellung geben können, um mit den Belastungen des Arbeitslebens und der Umwelt besser fertig werden zu können, dafür erhalten Sie einen kurzen Wegweiser in den nächsten Abschnitten.
Wir wollen aber zuerst mit etwas scheinbar anderem beginnen: Mit der Atemtechnik – die aber, wie Sie gleich sehen werden, sehr eng mit psychischen Vorgängen verbunden ist.

Atemtechniken

Richtig atmen

Richtig atmen können die wenigsten Menschen – meist wird zu tief oder zu flach geatmet. Atmen ist aber mehr als Luftholen. Atmen ist „Seelenhauch", haben nicht nur die alten Griechen festgestellt und daher auch das gleiche Wort für Seele und Atem verwendet. Auf diese Gleichsetzung stoßen wir auch in den fernöstlichen und indischen Philosophien.
Die Atmung reagiert, so die allgemeine Aussage weiser Yogis, auf alles, was in uns und mit uns geschieht. Sie ist gleichsam ein Spiegel des physischen und psychischen Befindens.
Jeder Mensch atmet rund 900mal pro Stunde, bei einem Lebensalter von 80 Jahren somit mehr als 600 Millionen mal. Diese Zahlen zeigen schon die zentrale Bedeutung des Atmens für das Leben.

Atemübungen

Durch richtiges Atmen werden körperliche und seelische Spannungszustände gelöst. „Atemübungen sind auch ein herrliches Mittel, den Schlaf zu fördern", betont Dr. Rainer Schroth.
Grundregel aller Atemtechniken: Nichts erzwingen. Den Atem von selbst „geschehen lassen".

Wie atmet man „richtig"?

Im alten China hatte man auf diese Frage folgende Antwort parat: „Nur der Kranke atmet mit der Lunge, der Gesunde atmet mit der großen Zehe." Was heißen soll: Kranke Menschen atmen meist zu flach. Bei Gesunden bewirkt richtiges Atmen hingegen, daß die „Atemwelle" den ganzen Körper bis hinunter zur großen Zehe durchzieht.
Nach dem Ausatmen sollte eine Pause gemacht werden. Diese Pause sollte sich aber von selbst ergeben und nicht willentlich beeinflußt werden.
Die einhellige Meinung erfahrener Atemtherapeuten: „Es ist erstaunlich, wie viele Krankheiten durch Wiedererlernen des richtigen Atmens zu beseitigen sind."
Atmen bedeutet für die Weisen des Fernen Ostens aber auch, den Kraftstrom der kosmischen Energie anzuzapfen. Der Atem ist für sie die Lebensschnur zum All, Schlüssel zur Freude, Tor zur Weisheit.

Entspannungstechniken

Entspannungsübungen

Laut Deutscher Krankenversicherung sind rund vier Millionen Bundesbürger von Beruhigungsmitteln abhängig. Durch Entspannungsübungen kommt der ganze Mensch in einen ausgewogenen, ausgeglichenen Zustand und wird von Beruhigungsmitteln unabhängig.
Seelische Spannungen gehen immer einher mit Verspannungen (Verkrampfungen) der Muskulatur. Daher setzen Entspannungstechniken auch bei diesen „neuralgischen

Punkten" an, bei der Entspannung (Relaxation) der Muskulatur. Dabei werden durch systematisches Anspannen und Entspannen die 16 wichtigsten Muskelgruppen nacheinander gelockert.
Begonnen wird dabei mit den Armen (Linkshänder beginnen links, Rechtshänder mit der rechten Hand und dem rechten Arm.
Darauf folgen Gesicht und Schultern (begonnen wird mit der Stirn, weiter geht es über obere Wangenpartie und Nase zu unterer Wangenpartie und Kiefer, dann folgen Nacken, Hals, Rücken, Brust- und Schulterpartie).

Entspannung des Leibes

Danach findet die „Entspannung des Leibes" statt (Lösen der Bauchmuskulatur aus Verkrampfung).
Zuletzt kommen Beine und die Gesamtperson an die Reihe (Beginn ist beim rechten Oberschenkel, zum Unterschenkel und Fuß. Auf der linken Seite in gleicher Weise vorgehen).
Entspannungstraining führt, kurz gesagt, zur Auflösung des Muskel- und Gefühlspanzers.
Für jeden Übungsteil werden durchschnittlich 6 Minuten veranschlagt.

Autogenes Training

„Das Autogene Training (AT) hat während meiner Atlantiküberquerung im Faltboot Ängste, Sorgen und Schmerzen gelindert und vertrieben und mich das schwierigste Problem dieser Fahrt, das Schlafproblem, einigermaßen gut überwinden lassen. Ich verdanke ihm meine heile Ankunft", erzählt der Arzt Dr. Hannes Lindemann über die Wirkung des Autogenen Trainings, das er vor rund 30 Jahren bei seiner spektakulären Fahrt als „Überlebensgarant" eingesetzt hat.

Überlebensgarant

Das Grundgerüst des AT sind positive formelhafte Vorsätze
Entwickelt wurde das AT vom Psychiater Prof. Dr. Johannes Heinrich Schultz, der diese Psychotechnik 1932 erstmals der ärztlichen Fachwelt präsentierte.

Professor Schultz hob aber auch ausdrücklich hervor: „Nur ein systematisch-methodisch exaktes Vorgehen kann den vollen Gewinn des Verfahrens in seinen möglichen Grenzen bringen." Will heißen: Zumindest am Anfang muß das AT ständig (täglich mehrmals) geübt werden. Im fortgeschrittenen Stadium läuft dann alles von selbst ab, es bedarf nur mehr des Gedankens an den eingeübten Vorsatz – wie das Beispiel von Dr. Lindemann zeigt.

Exaktes Vorgehen

Geübt sollte aber mindestens zweimal täglich werden: am Morgen vor dem Aufstehen, am Abend vor dem Einschlafen. Auch hierbei gilt: Erlernen Sie diese Technik gründlich von einem Könner, ehe Sie sie für die Selbsthilfe anwenden.

Die Grundstellung des AT ist eine entspannte Haltung, die Prof. Schultz „Droschkenkutscherhaltung" nannte. Diese in sich etwas zusammengesunkene Haltung mit locker nach vorne hängendem Kopf hat Prof. Schultz vor sich hin dösenden Berliner Droschkenkutschern abgeschaut.

AT-Übung

Jede AT-Übung wird mit einem formelhaften Vorsatz eingeleitet. Etwa: „Ich bin ganz ruhig", „der rechte Arm ist ganz schwer", „der linke Arm ist ganz schwer". Jede dieser Formeln sollte rund sechs – bis zehnmal wiederholt werden. Und nach jeder Übung muß, das ist ganz wichtig, „zurückgenommen" werden. Zum Beispiel durch den im Geiste gesprochenen Satz: „Arme strecken und beugen, tief atmen, Augen auf."

Das AT erschließt dem Geübten unter anderem Kraftreserven, die bei vielen Menschen verschüttet sind. Es hilft aber auch dabei, sich sozusagen „auf Kommando" erholen zu können, Streßsituationen gewachsen zu sein und ganz allgemein die Gesundheit zu stärken, die Konzentrationsfähigkeit zu steigern und Leistungsreserven zu mobilisieren. Das Autogene Training, schildert Dr. Lindemann aus eigener langjähriger Erfahrung als Arzt, kann aber auch den Körper gegen Erkältungs- und Infektionskrankheiten resistenter machen, ihn also auch besser gegen Allergene wappnen.

Visualisierungstechniken

Seelisches Wohlbefinden ist der beste Fitmacher – auch für unser Immunsystem. Wer sich rundum wohl fühlt, ist auch viel seltener krank, weil weniger anfällig für Infektionen. Ist die Seele fit, hält auch die Abwehrkraft mit nach dem Motto: Fit – mach mit.

Fit – mach mit

Der Diplompsychologe und Verhaltenstherapeut Wolfgang Weikert: „Wenn unsere Emotionen dazu beitragen, daß wir krank werden, können sie uns auch helfen, wieder gesund zu werden, wenn sie uns unzufrieden machen, können sie uns auch zufrieden machen."

Um das zu erreichen, wird eine Technik, die in der Psychologie Visualisierung genannt wird, angewendet. Dabei geht es darum, mit geschlossenen Augen rein gedanklich zu sehen. Voraussetzung dafür ist freilich entspannen können, abschalten, Ruhe finden.

Dieser Zustand kann nach einiger Zeit erreicht werden, wenn Sie sich bequem hinsetzen (oder auch legen) und die Augen schließen. Dann konzentrieren Sie sich auf Ihren Atem, begleiten ihn mit den Gedanken. Ruhig und gelassen folgen Sie den in natürlicher Abfolge kommenden und gehenden Atemzügen. Tun Sie das ganz regelmäßig, ohne irgendwelche Gewalt, ohne den Zwang unbedingt „gut" oder tief atmen zu wollen. Überlassen Sie es einfach Ihrem Körper, in welchen Intervallen er das Atmen bewerkstelligt.

Gedanklich in den Körper gehen

Nun gehen Sie gedanklich in Ihren Körper. „Schauen" Sie in das Rückenmark hinein. Sie sehen, wie dort Zellen produziert werden, die dann flugs ihren Bildungsort verlassen und sich „Gewehr bei Fuß" über den ganzen Körper verteilen. Oder, wenn Sie sich mit dem Bild „Gewehr" nicht anfreunden können, stellen Sie sich starke Bodyguards vor, die bereitwillig mit geschwellter Brust bereit dastehen, jeden Eindringling mit Brachialgewalt aus dem Körper zu entfernen.

Versuchen Sie sich jetzt vorzustellen, daß diese Gesundheitswächter nicht nur „Wache stehen", sondern daß sie sehr energisch gegen Einflüsse von außen vorgehen. Aber auch für Ordnung im Körperinneren sorgen.

Für Ordnung sorgen

Zum Beispiel, indem sie schwache Körperzellen stark machen. Sie hauchen ihnen Stärke ein. Stellen Sie sich das alles möglichst plastisch vor. Leben Sie dabei mit. Sehen Sie begeistert zu, wie Ihre Körperpolizei jeden Kampf gewinnt. Feuern Sie ungeniert die „Kraftprotze" an, die gute Arbeit leisten.

Schicken Sie die „Aufräumer" nun durch den ganzen Körper und tragen Sie ihnen auf, in jedem Winkel gründlich nachzusehen und überall gründlich „rein Haus" zu machen. Lassen Sie diese Bilder vor Ihrem geistigen Auge ablaufen. Täglich mehrmals.

Vergessen Sie auch nicht, Ihre „Aufpasser" für die gute Leistung zu loben. „Verstärken einer positiven Motivation" nennen das weniger anschaulich die Psychologen. Setzen Sie regelmäßig zwischendurch „Verstärker".

Psychotechniken

Aber bitte beachten Sie unbedingt: Psychotechniken wie die Visualisierung können (und wollen) den Arzt nicht ersetzen. Sie können und wollen ihm aber behilflich sein, Sie rasch und dauerhaft gesund zu machen. Das hier Gesagte gilt für alle hier geschilderten Techniken – in gleicher Weise für das vorhin genannte AT wie für die Meditation bis hin zum Yoga.

Angewandtes Ganzheitstraining

Das Ziel des AGT (Angewandtes Ganzheitstraining) ist es, das „Seelenkostüm" zu stärken und darauf hinzuwirken, auch psychisch gekräftigt den Angriff krankmachender Keime besser widerstehen zu können.

Entspannung

Das AGT beginnt mit Entspannung, Ruhe suchen, Kraft schöpfen. Um das AGT voll zu nutzen, sollte man den Tag mit Lockerungs- und Entspannungsübungen beginnen. Im Laufe der Zeit wird bei konsequenter Übung eine Stärkung der körpereigenen Energiepotentiale erreicht.

Im AGT lernt man aber auch praktische Lebensmeisterung. Das Angewandte Ganzheitstraining bewirkt aber auch,

daß man sich intensiver mit dem eigenen Körper beschäftigt, auf seine Signale hört und diese beachtet., um ihn besser kennen (und schätzen) zu lernen.
AGT ist kein „Heilmittel", mit dessen Anwendung man aufhört, wenn man sich wohl fühlt. Wie bei allen Psychotechniken, die der Stärkung und Festigung der Abwehrkräfte (sowohl körperlicher als auch seelischer) dienen, ist auch hier eine „Open-end-Anwendung" ratsam.

Positives Denken

Bei der Erörterung der Visualisierung ist positives Denken bereits kurz angeschnitten worden. Wir wollen hier dem Glauben, der angeblich „Berge versetzen" kann, etwas ausführlicher auf den Grund gehen. Dabei werden wir auch sehen, daß alles mit einer interessanten Beobachtung begann, die ein französischer Apotheker namens Coue gemacht hat.

Berge versetzen

Ihm fiel nämlich auf, daß die Vorstellungskraft seiner Kunden beim Einnehmen von Heilmitteln einen wichtigen Einfluß auf deren Wirkung hat. Von dieser Beobachtung inspiriert, widmete er sein weiteres Leben dem Ausbau der Lehre von der „bewußten positiven Autosuggestion" und schrieb darüber auch ein vielbeachtetes Buch.

Positive Autosuggestion

Kernsatz seines Lehrgebäudes: „Jeder Gedanke, der unseren Geist erfüllt, hat das Bestreben, sich selbständig zu machen." Dabei ist das Leitelement die Vorstellungskraft oder Imagination. Aufbauend auf Coues Erkenntnissen haben die Amerikaner Norman Vincent Peale und Dr. Joseph Murphy das positive Denken entwickelt und auf breitester Basis bekannt gemacht.

Meditation

Meditation ist ein geistiges Training mit zweifachem Nutzen: bewußte Ausbildung geistiger Qualitäten und Arbeit an der Transformation jener Geisteszustände, die diese Qualitäten blockieren.

Meditation

Jede Meditation beginnt mit Entspannung und einer entsprechenden Körperhaltung. Denn Körperhaltung und körperliche Verfassung haben einen direkten Einfluß auf die Geisteshaltung. Ein gut eingestellter Geist trägt dazu bei, Lebenskräfte zu sparen, die man sonst auf negative Gefühle vergeuden würde oder dazu aufwenden muß, sogenannte „Zivilisationskrankheiten" zu bekämpfen.

Durch Training des Geistes mit Hilfe von Meditation lernt man, geistig wachsam zu sein, seinen Körper und daher auch die Gesundheit in bewußte Bahnen lenken zu können. Meditation hilft aber auch bei Streßbewältigung, leichter mit der Hektik der Arbeitswelt fertig zu werden, innere Ausgeglichenheit zu finden – damit aber auch den richtigen Atemrhythmus, entspanntes Handeln und vorbeugende Gesundheitsvorsorge zu erlangen.

Yoga

Yoga wird seit rund 5000 Jahren in Indien praktiziert. Durch die einzelnen Übungen soll der Geist aus seiner körperlichen Abhängigkeit gelöst werden und durch Konzentration und Meditation zu höheren Bewußtseinsstufen vordringen.

Förderung der Gesundheit

Zur Förderung der Gesundheit dient das sogenannte **Hatha-Yoga.**

Ebenfalls sehr anzuraten ist auch für uns „Westler" das **Raja-Yoga,** auch als Weg der Meditation bezeichnet. Diese beiden Yogaformen sind tatsächlich im Westen am weitesten verbreitet. Endpunkt beider Yogaformen ist die Harmonisierung von Körper, Seele und Geist. Während der Schwerpunkt des Hatha-Yoga bei der (Harmonisierung der) Atmung liegt, steht im Raja-Yoga die Meditation im Mittelpunkt.

Aber egal, welchen Yogaweg man gehen möchte, um seinen Körper, sein Immunsystem zu kräftigen und auch

Seele und Geist einer „Generalsanierung" zuzuführen, überall steht am Beginn das Atmen. Dabei folgt auf ein (zwangloses) Ausatmen ein (langsames) Einatmen. Prinzipiell sollte nur durch die Nase eingeatmet und durch den Mund ausgeatmet werden. Es wird empfohlen, das sechsmal hintereinander zu machen. Mit der Zeit kann dann bis zu 60mal gesteigert werden.
Experten, die sich ausgiebig aus medizinischer Sicht mit Yoga auseinandergesetzt haben, sind der Überzeugung: „Yoga kann Magengeschwüre beseitigen, Schlaflosigkeit, Migräne, Übergewicht, Depressionen, Angstzustände, Asthma, Rückenschmerzen und Verdauungsstörungen."

Tai Chi

Weg der Harmonie

Weg der Harmonie, so nennt Shahin Joharchi sein Einführungsbuch in die Tai Chi-Techniken. Tai Chi lehrt Übungsabläufe, die den Energiefluß (das Chi der Chinesen) im Betreffenden stimulieren und stärken helfen. Oder wie es Joharchi gleichermaßen kompetent wie bildhaft ausdrückt: „Tai Chi ist ein Weg der Harmonie, Harmonie mit sich selbst und der innewohnenden Natur, Einklang zwischen außen und innen, Himmel und Erde."
Im Westen ist das ausgeklügelte Übungssystem des Tai Chi als „Schattenboxen" bekannt. Es besteht aus fließenden, aneinandergeketteten, harmonischen Bewegungen, die aus voller Entspannung heraus durchgeführt werden. Tai Chi dient, wie es erfahrene chinesische Tai-Chi-Praktiker ausdrücken, der „Bekämpfung innerer und ideeller Feinde", also von Krankheit und Schwäche – und somit der Erhaltung der Gesundheit, was gleichbedeutend ist mit einem schlagkräftigen Immunsystem.
Die HNO-Ärztin und sehr erfahrene China-Medizin-Expertin Dr. Gertrude Kubiena zum medizinischen Stellenwert des Tai Chi: „Es gilt als Methode für Vorbeugung, Behandlung, Atemregulation, Lebensverlängerung." Daher sollte man beim Üben des Tai Chi auch bewußt at-

Methode für Vorbeugung

men. Dadurch sollen die Atemzüge weich und lang werden – womit Blut und die Lebensenergie Chi frei zirkulieren können.

Shiatsu

Mit dem Finger drücken

Diese harmonisierende Massage – „mit dem Finger drükken" ist die wörtliche Übersetzung von Shiatsu – ist in Japan entstanden.
Durch diese Massagetechnik wird durch den Rhythmus des ausgeübten Drucks, durch dessen Stärke der Energiefluß im Körper angeregt, und Blockaden werden beseitigt.
Alle japanisch-chinesischen Techniken der Massage, Bewegung und Atmung – und damit auch Shiatsu – haben das Endziel, den Fluß der Lebensenergie („Chi") zu harmonisieren. Das geschieht durch das Stimulieren von Akupunkturpunkten durch Daumendruck. Womit die Regulation des Energieflusses im Meridiansystem angeregt wird, was die Selbstheilungskräfte des Körpers aktiviert.
Auf einen kurzen Nenner gebracht: Shiatsu dient der Vorbeugung, dem allgemeinen Wohlbefinden und der Unterstützung der Heilung.
Da Shiatsu zwei Personen benötigt, wovon einer bereits fundiert geschult sein sollte, wird ausdrücklich davor abgeraten, diese Technik allein aus Büchern zu lernen und dann ohne „Führung" an sich selbst auszuprobieren.

„Nahrung" für das Immunsystem

Da das Immunsystem unseres Körpers die zentrale und entscheidende Rolle im Umgang mit Angriffen von außen spielt, ist es nur sinnvoll, ja recht und billig, hier den Hebel anzusetzen und diese Abwehrvorrichtungen zu stärken, sodaß es erst gar nicht zu einer schwerwiegenden Turbulenz kommen kann.

Unter der Fülle von Möglichkeiten, die Abwehrpolizei auf „Vordermann" zu bringen, ist sicher die effektivste und auch am leichtesten durchführbare, durch die Ernährung regulierend einzugreifen. Etwa durch den Verzehr vitaminreicher Nahrungsmittel. Oder durch Sport, um die Abwehrkräfte zu steigern. Aber auch Enzyme können da ganz entscheidend mithelfen, wieder einiges ins Lot zu bringen.

Fitmacher

Wir wollen uns diese Fitmacher für das Immunsystem nun der Reihe nach näher ansehen und uns vor Augen halten, was sie alles so in die Wege leiten und wofür sie der Motor sein können.

An erster Stelle für eine schlagkräftige Abwehr steht als Grundlage eine gesunde, ausgewogene Ernährung, die für einen ausgeglichenen und ausbalancierten Energiehaushalt sorgt.

Das Säure-Basen-Gleichgewicht

Bitte bedenken Sie: Manche Menschen sind auf bestimmte Lebensmittel allergisch und sollten diese daher meiden. Wenn Ihnen bekannt ist, welche Speisen Sie nicht vertragen, sollten Sie diese selbstverständlich auslassen, denn damit können Sie – das liegt auf der Hand – Ihrem Immunsystem nämlich mehr schaden als nützen.

Mit richtiger Ernährung und einer oft dringend nötigen vorausgehenden Darmsanierung (davon später mehr) kann jedoch vielen Allergikern geholfen werden.Das Säure-Basen-Gleichgewicht ist auch eine entscheidende Säule des chinesischen Tao der ausgewogenen Ernährung.Falsche Ernährung – ein oft gebrauchtes Vokabel. Doch was versteht man wirklich darunter? Zuerst einmal: Vermeiden Sie eine „Selbstvergiftung“ durch Übersäuerung. Die Ernährung, so der Mediziner Dr. Wolfgang Exel, ist ein ganz wesentlicher Faktor zur Bekämpfung von Allergien durch den daran Leidenden selbst. Der französische Experte Dr. Christopher Vasey bezeichnet das Säure-Basen-Gleichgewicht als „Quelle für Vitalität und Wohlbefinden“.

Säure-Basen-Gleichgewicht

Worum es bei der Erhaltung des Säure-Basen-Gleichgewichtes ganz besonders geht, schildert der Arzt und gebürtige Chinese Dr. Stephen Cahng: „Ist der ph-Wert (=Säuregrad; Anm. d. Autors) der Speisen, die wir zu uns nehmen, nicht ausgeglichen, dann zersetzt sich die Nahrung, sobald sie in den Verdauungstrakt gelangt. Statt von den zugeführten Nährstoffen zu profitieren, absorbiert der Organismus die Giftstoffe, die bei der Zersetzung der Nahrung entstanden sind.“

Gleichgewicht zwischen Schaden und Nutzen

Die Gesundheit jedes Menschen beruht auf einem immerwährenden Balanceakt zwischen Schaden und Nutzen. Herrscht ein inneres Gleichgewicht, sind wir gesund. Was durch das chinesische Yin-und-Yang-Prinzip auch im Westen plausibel gemacht wurde. Jede Verschiebung in diesem von der Natur fein ausgetüftelten System führt zu einer Störung und damit zu einem Ungleichgewicht, das mitunter sehr schmerzhafte Folgen nach sich ziehen kann. Ein erster Schritt zur Sanierung des Darmtraktes ist zum Beispiel, Lebensmittel zu meiden, die zur Schwächung des Dick- oder Dünndarms beitragen.Den Begriff sauer

Yin-und-Yang-Prinzip

muß man nicht besonders erklären. Jeder, der in eine Zitrone beißt, wird sofort das Gesicht verziehen – diese Frucht schmeckt mithin sauer. Und das Gegenteil von sauer ist – nein, nicht süß, wie Ihnen sofort in den Kopf schießen wird –, sondern richtig ausgedrückt basisch. Dieser Ausdruck stammt aus der Sprache der Chemie. Schon Hippokrates, auch als „Vater der Medizin" bekannt, wußte es: Von allen Zusammensetzungen unserer Körpersäfte wirkt sich die Säure zweifellos am schädlichsten aus. Daher gilt die Maxime: Dem Körper Lebensmittel zuführen, die Basen erzeugen und nicht Säuren. Denn Allergien hängen häufig mit einer Übersäuerung des Organismus zusammen. Rat der Experten: 70 bis 80 Prozent der Nahrung sollte basisch sein. Starke Säurebildner sollten daher von Allergikern prinzipiell aus dem Speiseplan verbannt werden. Dabei handelt es sich unter anderem um: Marmelade, mit Zucker gesüßte Nahrungsmittel, Alkohol, Kaffee, schwarzer Tee, Schokoladeprodukte (Zucker!), unreife Früchte. Weiters sind das: sämtliche Weißmehlprodukte, alle über 100 Grad erhitzten Öle, Gebratenes, Geräuchertes, Chips.

Übersäuerung des Organismus zusammen

Basisch hingegen sind: Gurken, Karotten, Kraut, frische Bohnen, Erbsen, Kohlrabi, Dill, Petersilie, Meerrettich, Lauch, Löwenzahnblätter, frische Oliven, rote Rüben. Auch grüner Salat, Spinat, Schnittlauch gehören in diese Gruppe sowie Spargel, Zwiebel, Knoblauch und einiges mehr. Mehr darüber lesen Sie im Anhang, wo Sie auch Kochrezepte zur Verbesserung der Immunabwehr vorfinden.

Typisch für eine Übersäuerung

Typische Symptome der Übersäuerung sind sehr zahlreich und zum Teil auch nicht immer spezifisch. Daher kommt hier – wie vielfach überhaupt bei Krankheit – nicht nur ein Parameter zum Tragen, sondern die Summe der Merkmale. So wirkt sich etwa eine Übersäuerung auf das Allgemeinbefinden folgendermaßen aus: Energiemangel, ständige Müdigkeit, verminderte Aktivität, Antriebsschwäche – sowohl in geistiger als auch in körperlicher Hinsicht – rasche Ermüdbarkeit und lange Erholungsphasen, Kälteempfindlichkeit.

Weiter Kennzeichen sind beispielsweise: Blasse Gesichtsfarbe, Kopfschmerzen, empfindliches Zahnfleisch, Überproduktion an Magensäure, saures Aufstoßen, Brennen beim Stuhlgang, übersäuerter Schweiß, trockene Haut, niedriger Blutdruck und schlechte Zirkulation, Schlaflosigkeit sowie erhöhte Schmerzempfindlichkeit.

Stärkung des Immunsystems

Wichtig für die Stärkung des Immunsystems ist aber nicht nur die Art der Nahrung (und ihre Zubereitung), sondern auch auf das Wann kommt es an. Der Grund dafür ist einleuchtend: Nicht alle Organe sind zur gleichen Tageszeit topfit. Diese Tatsache ist auch von Bedeutung für die Einnahme von Medikamenten, um die beste Wirkung der Inhaltsstoffe zu erzielen. Dazu berichtet der Göttinger Rhythmusforscher Dr. Ludger Rensing, daß das Schlagvolumen des Herzens abends ein Maximum erreicht, der Säurewert des Magens bei Nacht ein Minimum, die roten Blutkörperchen während des Tages im Maximum liegen, während das bei den Thrombozyten nachts der Fall ist.

Tagesrhythmen

Hensing: „Tagesrhythmen charakterisieren auch das Ausmaß der allergischen Reaktion. Das abendliche Maximum der Empfindlichkeit geht auch Hand in Hand mit dem Maximum der Empfindlichkeit gegen Injektionen von Histamin.“

Die Organuhr

Lange, bevor die wissenschaftliche Medizin sich mit diesen zeitgebundenen Vorgängen im Organismus beschäftigt hat, haben chinesische Ärzte die „Organuhr“ untersucht. Der Experte Dr. Stephen Chang, sowohl mit der westlichen als auch fernöstlichen Medizin bestens vertraut, schildert: „Innerhalb des geschlossenen Energiekreislaufes der Hauptmeridiane wird jedes Organ alle 24 Stunden während einer zweistündigen Phase von einem Maximum an Energie durchströmt." Wir sollten uns daher stets so ernähren, daß wir die Energiebahnen in Balance halten und es zu keinen Störungen durch eine unpassende zeitliche Verteilung der Nahrungsaufnahme und auch der Nahrungsmittel kommt.Die chinesische Medizin kennt 14 Hauptenergieströme in unserem Körper, die an den sogenannten Meridianen entlang fließen. Zehn davon sind direkt Organen zugeordnet, zwei haben eine Steuerfunktion und weitere zwei sind physiologischer Natur, für Kreislauf und Schilddrüse zuständig.

Energiebahnen in Balance halten

Organe im Zwei-Stunden-Takt

Im Dickdarm-Meridian befindet sich, der Organuhr zufolge, eine Energiemaximum zwischen 6 und 8 Uhr. Die folgenden zwei Stunden „gehören" dem Magen-Meridian, wie Kinesiologe Kim da Silva berichtet. Im Milz-Pankreas Meridian befindet sich die Energie zwischen 10 und 12 Uhr auf einem Maximum. Der Herz-Meridian ist zwischen 12 und 14 Uhr energetisch am besten versorgt. Zwischen 14 und 16 Uhr folgt das Energie-Maximum in den Dünndarm-Meridian und das von ihm versorgte Gebiet. Von 16 bis 18 Uhr ist dann der Blasen-Meridian an der Reihe. Von 18 bis 20 Uhr wechselt das Energie-Maximum in den Nieren-Meridian. Bis 22 Uhr ist der Kreislauf-Meridian an der Reihe.Die folgenden beiden Stunden ist der sogenannte Dreifach-Erwärmer-Meridian Energie-Spitzenreiter des Körpers. Ab Mitternacht bis 2 Uhr morgens wechselt der Energie-Schauplatz in den Gallenblasen-Meridian, auf den der Leber-Meridian folgt. Den „Tageskreis" beendet schließlich mit einem Maximum an Energiestrom der Lungen-Meridian.

Energiemaximum

Dreifach-Erwärmer-Meridian

Die „innere Uhr“ ist manchmal verstellt

Wie Kim da Silva berichtet, „gibt es aber auch Menschen, bei denen diese Uhr um drei Meridiane nach hinten verschoben ist. Diese Leute werden abends munter, bekommen spät noch Hunger und finden den Weg ins Bett nicht, obwohl sie tagsüber müde waren. Für diese Menschen ist es um sechs Uhr morgens erst Mitternacht.“Das heißt aber auch, daß das entsprechende Organ zu der von der Organuhr vorbestimmten Zeit Nahrung am besten verarbeitet, den Körper am besten versorgt und mit Störungen am besten fertig wird – was in der hier angeführten Zeitabfolge für unsere Breiten gilt. Der Chinese Dr. Chang, der in den USA lebt, beschreibt in seiner Organuhr-Zeiteinteilung die einzelnen Perioden um eine Stunde vor verschoben.Dr. Chang fügt noch hinzu: „Die Organuhr wird sich immer als nützlich erweisen, um die spezielle organische Ursache von von Beschwerden zu bestimmen und das Energieniveau des ursächlichen Organs durch Übungen zu harmonisieren, die je nach Erfordernis energiesteigernd oder energiemindernd auf das betreffende Organ wirkt. “Daher sollte sich jeder so ernähren, daß er die Energiebahnen in Balance hält und nicht schädigt. Der Kinesiologe Kim da Silva rät außerdem noch: Nach 14 Uhr nichts mehr Frisches essen! Der Grund: Der Körper kann Rohes nachmittags nicht verdauen, weil die zur Verdauung von Rohkost notwendigen Enzyme ab dieser Zeit im Körper nicht mehr gebildet werden.

Organuhr-Zeiteinteilung

Die Rolle der Vitamine

Vitamine sind Bestandteile der Nahrung, die der Organismus unbedingt braucht. Heute sind der Ernährungswissenschaft mehr als ein Dutzend dieser essentiellen, für den „Betrieb“ des Körpers unentbehrlichen Stoffe bekannt. Wir benötigen nur ganz wenig davon – Milligramm bis einige Gramm. Die wichtigsten Vitamine für ein klagloses Funktionieren der Immunabwehr, die von Spezialisten auch ganz allgemein „Sprit des Lebens" genannt werden, sind die Vitamine A, C und E. Diese drei sind gemeinsam mit dem Spurenelement Selen in der Fachliteratur als Antioxidantien bezeichnet worden. Eine Kombination dieser vier gilt auch als Vorbeugung gegen einige Krebsarten. In den industrialisierten Ländern herrscht praktisch nirgends ein akuter Vitaminmangel. Latente Mangelzustände sind aber, so Dr. Schroth, durchaus häufig. Das hat unter anderem seinen Grund auch darin, „daß wir fast kein Nahrungsmittel im natürlichen Zustand zuführen, daß alles zerlegt, bearbeitet, zerkleinert und oft falsch gelagert und bearbeitet wird".

Sprit des Lebens

Gesundheitsexperten drücken das so aus: „Wir kochen, braten und würzen vieles kaputt, was unserer Gesundheit dienen soll." Daher die Spezialisten-Tips:

Schonendes Garen

Schonendes Garen in der Eigenfeuchtigkeit. Beim Garen ohne Zusatz von Wasser bleiben Vitamine, Mineralstoffe und Spurenelemente weitgehend erhalten. Vitamin A zum Beispiel bleibt beim Kochvorgang ziemlich stabil. Jedoch ist der Gehalt in den dieses Vitamin enthaltenden Lebensmitteln je nach Jahreszeit unterschiedlich – nämlich im Winter geringer als im Sommer. Das unstabilste der drei wichtigsten Vitamine ist das Vitamin C. Es kann bereits durch Luftsauerstoff, Wärme und Feuchtigkeit zerstört werden. Aus diesem Grund sollte eine Lagerung Vitamin-C-reicher Lebensmittel bei höheren Temperaturen und Aufwärmen vermieden werden.
Vitamin E wird zerstört, wenn es in zuviel Fett gekocht wird. Bei tiefgekühlten Lebensmitteln, so lassen wissenschaftliche Untersuchungen vermuten, wird dieses Vitamin weitgehend vernichtet.

Vitamin A

Das A-Vitamin bildet einen bedeutenden Baustein beim Aufbau der Sehpigmente in der Netzhaut des Auges. Daher kann ein Mangel dieses Vitamins zu Nachtblindheit führen. Außerdem ist es wichtig für ein normales Wachstum und die Fortpflanzungsfähigkeit. Nicht zuletzt ist es auch dazu da, die Schleimhäute fit zu halten und als Hautschutz zu fungieren. Daraus geht schon seine Schlüsselrolle bei allergischem Geschehen hervor, denn viele Allergene gelangen genau über die feuchten Körperareale oder durch die Haut hindurch in das Innere des Organismus. Ist zum Beispiel die Schleimhaut des Darmes durch zu wenig Vitaminzufuhr geschwächt, kann sie sich zum Beispiel nur mangelhaft gegen Pilze wehren. Außerdem kommt Vitamin A einer entsäuernden Diät entgegen, es ist nämlich sehr reichlich in verschiedenen Gemüsesorten enthalten. So auch in Karotten, die eine ideale Basenquelle sind. Sogenannte Karotene, das sind Vorstufen des Vitamin A, aber auch dieses selbst sind des weiteren enthalten in: Butter, Käse, Löwenzahn, Sauerampfer, Spinat, Feldsalat, Aprikosen.Die höchsten Vitamin-A-Gehalte finden sich in Leber (z. B. Dorschleber), wo dieses Molekül gespeichert wird. Rund 90 Prozent davon sind dort eingelagert. Aber auch Eigelb, Milch und Milchprodukte enthalten dieses Vitamin in größerer Menge. Erhält der Organismus zu wenig davon, kann die Folge gravierend sein: Nachtblindheit, in schweren Fällen führt das sogar zu einer Trübung der Hornhaut. Eine mangelnde Vitamin-A-Zufuhr kann aber auch eine erhöhte Anfälligkeit für Infektionskrankheiten nach sich ziehen und eine herabgesetzte Widerstandsfähigkeit gegen Belastungen zur Folge haben. Der Grund dafür: Vitamin A gibt den Immunzellen (wenn sie geschwächt sind) neue Kraft, ihre „reinigende“ Tätigkeit auszuführen.

Karotene

Vitamin C

Schutz der Körperzellen

Dieses Vitamin, das Spurenelement Selen und das Vitamin E arbeiten eng zusammen zum Schutz der Körperzellen. Vitamin C ist aber auch notwendig, damit die

Granulozyten bei der Abwehr von Bakterien ordentliche Arbeit leisten können. Vitamin C kann zwar von Pflanzen und Tieren erzeugt werden, vom menschlichen Organismus aber nicht. Wir sind auf dessen Zufuhr durch die Nahrung angewiesen. Dieses Vitamin, betont Dr. Ingeborg Cernaj, „ist eine derart starke Waffe gegen Krankheitserreger aller Art, daß es selbst die berühmten Antibiotika in den Schatten stellt". Daher ist dieses Vitamin auch eines der stärksten Kampfmittel, die gegen Viren und alle anderen Infektionskeime eingesetzt werden kann.

Waffe gegen Krankheitserreger

Über dieses Vitamin und seine Wirkung sind schon viele dicke wissenschaftliche Fachbücher geschrieben worden, was seine Bedeutung für die Gesundheit nur unterstreicht. Und dennoch sagt ein renommierter Wissenschaftler darüber : „Es ist noch immer ein biologisches Rätsel."Aus der schier unendlichen Palette von Wirkungen, die in Forschungslabors entdeckt wurden, eine kleine Auswahl: Es beeinflußt die Bioverfügbarkeit von Eisen aus der Nahrung, sorgt für Fitneß und Spannkraft, kommt als Antioxidantium in Ölen und Fetten vor. Wie Prof. Walters aus Surrey, England, betont, „besteht kein Zweifel, daß es die als krebserregend bekannten Nitrosamine in der Nahrung verringert bzw. daraus ganz eliminiert". Und ganz besonders wurde auf einem internationalen Vitamin-C-Symposium dessen stärkende Wirkung auf das Immunsystem hervorgehoben. Es sollte auf Grund dieser Eigenschaften, betonten die Forscher ausdrücklich, für die Vorbeugung und Behandlung einer Immunschwäche ins Auge gefaßt werden. Auch ein positiver Einfluß auf den körpereigenen Fettstoffwechsel und ein gewisser Krebsschutz werden von erfahrenen Experten diesem Vitamin ebenfalls nachgesagt. Reichlich enthalten ist es in vielen Früchten, Holunderbeeren, Kiwis, Orangen, Zitronen, Grapefruit, Zwiebeln, Spinat, Kohl. Die Spitzenreiter an Vitamin-C-Gehalt sind: Roter Paprika, Petersilienblätter, schwarze Johannisbeeren, Sauerampfer.

Vitamin-C-Gehalt

Das E-Vitamin schützt die Zellen vor Schädigungen. Seine ganz besonders hervorzuhebende Eigenschaft ist, daß

Freie Radikale

es als „Radikalfänger" im Körper unterwegs ist. Freie Radikale, die bei vielen chemischen Vorgängen im Körper selbst und in der Umwelt entstehen, zerstören Zellen, die ihr natürliches Alter erreicht haben. Bilden sich aber zu viele dieser „freien Radikale" – was etwa durch zunehmende Umweltbelastung der Fall ist, „vergreifen" sich diese auch an völlig gesunden Zellen und schädigen sie. Daher stehen diese Radikale auch im Verdacht, an der Krebsentstehung in nicht geringem Maße beteiligt zu sein. Vitamin E, das diese chemischen Verbindungen einfängt und unschädlich macht, ist daher für unsere Gesundheit sehr wichtig. Darüber hinaus sind ihm weitere Pluspunkte zuzurechnen. Dr. Schroth: „Dieses Vitamin stärkt besonders die Immunabwehr gegenüber Bakterien und Viren und erhöht die Abwehrkraft der Lungen gegen Umweltgifte, Zigarettenrauch und Abgase. "Besonders reichhaltig ist es vorhanden in kaltgepreßten Pflanzenölen, besonders Weizenkeimöl, Nüssen, Mandeln, Sojabohnen, Eidotter, Butter und Vollkornbrot. Von diesem Vitamin können Sie nicht zu viel bekommen, wirklich schädliche Mengen werden praktisch nicht erreicht. Der tägliche Bedarf wird von Wissenschaftlern mit 30 bis 60 Milligramm beziffert.

Vitamin B

Der Vitamin-B-Komplex

Dabei handelt es sich gleich um ein ganzes Bündel von lebenswichtigen und essentiellen Bio-Stoffen. Sie alle dienen der Reparatur von Zellschäden und der Stärkung der allgemeinen Abwehrkraft. Sie sind reichlich in Gerste und Vollweizen enthalten. In Naturreis, Sojabohnen und Weizenkeimen und im Eigelb kommt überdies Biotin vor, eines der Vitamine der B-Gruppe. Damit haben japanische Ärzte beachtenswerte Erfolge gegen Candida (das sind Hefepilze-)Infektionen und auch gegen die Multiple Sklerose erzielt. Vitaminexperte Klaus Oberbeil bringt den Nutzen der Vitamine für Gesundheit, allgemeine und

Immmunfitness mit folgenden Worte auf den Punkt: „Ohne Vitamine würden unsere Körperzellen verdorren, genauso wie Blumen, denen man kein Wasser gibt. Die Körperzellen haben ständig Appetit auf Vitamine. "Der Wiener Medizíner Prof. Dr. Michael Kunze betont in diesem Zusammenhang ausdrücklich: „Die Vitamine in den Hauptnahrungsmitteln können durch verschiedene Einflüsse, wie Hitze, Sauerstoff und Licht mehr oder weniger stark beeinträchtigt werden. Üblicherweise liegt der Verlust an Vitaminen durch die haushaltsübliche Zubereitung bei durchschnittlich 20 bis 30 Prozent, kann aber wie bei Vitamin C bis zu 90 Prozent betragen."

Appetit auf Vitamine

Das „Vitamin“ Q10

Seit Beginn der 70er Jahre haben Forscher eine Reihe von neuen „Lebensstoffen“ gefunden, die sie Quasi-Vitamine nannten. Das zweifellos interessanteste davon ist das Coenzym Q10 (es wird manchmal zwar auch „Vitamin“ genannt, ist aber kein echtes Vitamin).Prof. Dr. Fritz Zilliken, em. Direktor des Instituts für Physiologische Chemie an der Medizinischen Fakultät der Universität Bonn, sagt darüber: „Meine wichtigste Empfehlung lautet: Nutzen Sie die Erkenntnisse über dieses Coenzym, die ich aus eigener Forschung bestätigen kann, und die Möglichkeiten des Coenzym Q10 für Ihre Gesundheit."

Quasi-Vitamine

Wie die Forscher feststellten, ist Q10 wichtig für die Zellenergie und eine normale Herzfunktion. Mehr noch: Dieses Coenzym, auch das trat in Forschungslabors zutage, bringt das Immunsystem auf Trab. Entdeckt wurde dieses hochinteressante – manche Forscher bedenken es sogar mit der Bezeichnung außergewöhnlich – Molekül wurde erstmals aus dem Rinderherzen isoliert. Wie sich später herausstellte, kommt es in jeder Körperzelle vor. Doch wie kommt es da hin? Q10, fanden die Wissenschaftler bei gründlicher Untersuchung dieses Moleküls, ist eine „Ursubstanz des Lebens“ und wird von jeder lebenden

Ursubstanz des Lebens

Zelle zur Atmung und Energiegewinnung benötigt. Es wird in der Leber synthetisiert. Von dort gelangt es über den Blutstrom in jede der Billionen Körperzellen. Das im Körper in jeder Zelle sitzende Q10 stammt aber nicht ausschließlich aus der körpereigenen Hausapotheke, sondern wird auch über die Nahrung zugeführt – allerdings zu einem wesentlich geringeren Teil, als es der Körper im Do-it-yourself-Verfahren produziert. Durch spezielle biotechnische Verfahren ist es gelungen, dieses Molekül in Hefepilzen in großen Mengen zur Verfügung zu haben und daraus ein wirksames Präparat zu machen. Pflanzen können das Coenzym Q10 aus dem Boden aufnehmen. Von dort gelangt es in den Tier- und schließlich in den Menschenkörper. Der Hauptlieferant dieses Coenzyms ist Rindfleisch, gefolgt von Leber, Herz, Muskeln. Ebenfalls gut „bestückt“ damit sind Hühner, Fische, Schafe, Lämmer. Für grundlegende Forschungsergebnisse über dieses Q10 hat übrigens der Brite Professor Dr. Peter Mitchell den Chemie-Nobelpreis erhalten. Professor Linus Pauling, ebenfalls Nobelpreisträger und einer der Vitamin-Päpste der Welt, kommt, wenn von diesem Coenzym die Rede ist, gleich ins Schwärmen: „Q10 ist eine der wichtigsten Entdeckungen der Ernährungswissenschaft in den letzten Jahrzehnten. Q10 gibt dem Herzen seine natürliche Kraft zurück. Ich nehme es täglich.“

Q10: eine der wichtigsten Entdeckungen

Mikrobiologische Ernährung

Dr. Volker Rusch, Arbeitskreis für Mikrobiologische Therapie e.V., beschreibt, worum es dabei geht: „Die Mikrobiologische Therapie wirkt harmonisierend auf die Lebensgemeinschaft zwischen Mensch und in seinem Inneren lebenden Mikroben ein. Die Mikrobiologische Therapie ist ein modernes und bei konsequenter Durchführung erfolgreiches Konzept der Heilkunde, das die Abwehrkräfte des Körpers anregt, die Funktionen des Immunsystems wiederherstellt und die Stoffwechselleistungen aktiviert.

Mikrobiologische Therapie

"Die Mikrobiologische Therapie bietet aber auch, so Rusch, „Selbsthilfe bei Ernährungsfragen". Im Mittelpunkt steht dabei die Vollwerternährung, welche die durch den Arzt durchgeführte Therapie in wertvoller Weise unterstützt. Sie enthält reichlich Frischkost wie Gemüse und Blattsalate. In den ersten Monaten dieser Therapie sollten allerdings Obst und daraus hergestellte Fruchtsäfte gemieden werden.

Vollwerternährung

Und das sind die grundlegenden Empfehlungen für eine der mikrobiologischen Therapie entsprechenden Ernährung:

❍ Unveränderte Lebensmittel sollten kühl gelagert werden.

Darunter sind u.a. zu verstehen: Obst, Getreide, Nüsse, Gemüse. Frische Gartenkräuter, Wildkräuter, Gewürzwurzeln und Gewürzsamen fallen ebenfalls in diese Kategorie.

❍ Durch Schneiden, Hobeln, Raspeln, Schroten, Mahlen, Schälen, Pressen oder Lufttrocknen bearbeitete Lebensmittel.

Dazu zählen u. a. Vollkornschrot, Vollkornmehl, zerkleinertes frisches Gemüse, unerhitzte Gemüsesäfte, milchsaure Pilze, zerkleinertes frisches Obst, unerhitzte Fruchtsäfte. Des weiteren kaltgepreßte Öle, frisch geraspelte Nüsse, aus Rohmilch hergestellte Milchprodukte, luftgetrocknete Kräuter.

❍ Erhitzte Lebensmittel nur im eigenen Saft oder im eigenen Dunst garen, dämpfen, kochen oder backen.

Erhitzte Lebensmittel

Zu den erhitzten Lebensmitteln werden von den Verfechtern der „Mikrobiologie" u.a. gezählt: Brot, Kuchen, Knäkkebrot, Zwieback, Kekse, Dauerbackwaren, Mehlspeisen. Aber auch erhitztes Gemüse, Kartoffeln, tiefgefrorenes Gemüse, erhitzte Gemüsesäfte, Sojakäse, erhitzte Pilze, eingelegtes Obst. Aber auch erhitztes Fleisch, Fisch und Eier. Weniger bis nicht empfehlenswert sind in den Augen der mikrobiologischen Therapie verarbeitete Lebensmittel – darunter versteht man zum Beispiel Sieben, Braten, Rösten, aber auch weitverbreitete Techniken der Lebensmittelindustrie wie Polieren (Reis), Sprühtrocknen, Sterilisieren, Ultrahocherhitzen, Konservieren mittels Vakuum, Pökelsalz, Begasen, Färben, Bleichen, Desodorieren, Schönen, Extrahieren (weniger empfehlenswert). Als nicht empfehlenswert wird genannt: Destillieren, Kristallisieren, Raffinieren, Synthetisieren. Dabei wird besonders hervorgehoben, daß in dieser Gruppe der nicht empfehlenswerten Lebensmittel oft einige der genannten Verfahren gemeinsam zum Einsatz kommen. Besonders aufs Korn genommen werden isolierte und synthetisierte Substanzen und damit hergestellte Produkte.

Nicht empfehlenswert

Die allergischen Erkrankungen

Die Allergie hat viele Gesichter. Sie kann aus heiterem Himmel jeden von uns treffen. Allergien können an praktisch jedem Körperteil auftreten und Menschen jeden Alters befallen. Sie können sich als scheinbar harmloser Schnupfen manifestieren, aber auch zu lebensbedrohlichen Situationen führen. Was vor allem dann der Fall ist, wenn die ersten Zeichen auf die leichte Schulter genommen, übergangen werden. Man ist weder im Freien sicher davor noch in den eigenen vier Wänden. Und außerdem werden bloße Unverträglichkeitsreaktionen mit echten Allergien in einen Topf geworfen. Bevor wir uns im einzelnen mit den unterschiedlichsten Manifestationen der allergischen Krankheit auseinandersetzen, wollen wir uns klarmachen, wo überall eine Gefahrenquelle für empfindliche Menschen, die leicht zu einer Allergie neigen, liegen können.

Unterschiedliche Manifestationen

Die Indoor-Pollution

Eine der vielen Ursachen, daß jemand plötzlich „allergisch" reagiert, kann die sogenannte Indoor-Pollution sein. Darunter versteht man die Luftverschmutzung in Innenräumen. Schadstoffe können aber nicht bloß aus der Außenluft in Wohnungen gelangen. Sie können ebensogut durch individuelle Tätigkeiten erzeugt werden oder von der Inneneinrichtung an die Raumluft abgegeben werden – man denke zum Beispiel an das stark in Verruf gekommene Formaldehyd, das aus Möbeln ausströmt und die Bewohner dieser Räume „ganz krank" machen kann, ohne daß man sich gleich über die Ursache der Beschwerden klar wird. Von der Außenluft dringen Schwefeloxide,

Luftverschmutzung

Stickoxide, Kohlenmonoxid und Schwermetalle in die Wohnungen und treffen dort beispielsweise mit Stickoxiden und dem Kohlenmonoxidgas aus Innenraumquellen zusammen.

Verunreinigung der Raumluft

Schwerwiegende Folgen kann genauso die Verunreinigung der Raumluft durch verschiedene Lösungsmittel, die in Spanplatten, Lacken, Holzschutzmitteln usw. enthalten sind, haben. Sie alle können sozusagen die Startlöcher legen, aus denen eine Allergie hervorbrechen kann. Die Liste jeder Stoffe und chemischen Verbindungen, die im Zuge der Indoor-Pollution zu Irritationen der Haut, Atemwege und Augen zu allergischen Reaktionen führen können, ist ellenlang. Hier nur einige Beispiele: Baustoffe, Ziegel, Natursteine, Radon, Formaldehyd aus Spanplatten, Holzimprägnierstoffe, Dämmstoffe. Arge „Bösewichte" können aber auch Inhalts- oder Zusatzstoffe von Farben, Reinigungsmitteln und Klebstoffen sein.

Hausstaubmilben

Eine maßgebliche Rolle spielen aber auch die allgegenwärtigen Staubmilben, Bakterien, Pilze und winzig kleine einzellige Lebewesen, die durch Feuchtigkeit begünstigt werden. Diese Milben sind so klein, daß man sie mit freiem Auge nicht sehen kann. Sie werden nur einen zehntel bis einen halben Millimeter groß. Sie sind aber praktisch allgegenwärtige „Mitbewohner". Pro Gramm Staub wurden bis zu 4000 davon gefunden. Immerhin zeigen rund 80 Prozent der Allergiker im Hauttest auch eine Reaktion auf diese winzigen Spinnentiere. Sie leben im Verborgenen, ernähren sich von abgefallenen Haaren, Körperschuppen und Staub. Davon leben sie aber nicht schlecht, denn jeder Mensch stößt pro Tag durchschnittlich ein Gramm Schuppen ab. Die häufigsten Symptome einer Hausstaubmilben-Allergie sind: Niesen, juckende, laufende Nase, Kopf- und Ohrenschmerzen, Atembeschwerden, keuchender, trockener Husten. Das ist eine

Allgegenwärtige „Mitbewohner"

klassische Allergieform. Sie wird vor allem durch die Exkremente der Hausstaubmilbe ausgelöst. Neben den Kotkügelchen (pro Milbe sind es rund 20 pro Tag), die bei 70 Prozent aller Allergien gegen Hausstaubmilben die Ursache der Überempfindlichkeitsreaktion sind, sind es aber auch Teile abgestorbener Milben, die Allergikern zu schaffen machen. Die hohe Vermehrungsrate dieser Minis ist für empfindliche Hausbewohner natürlich ein spezielles Problem. Ein Weibchen kann bis zu 50 Eier legen – und drei Wochen danach krabbelt schon eine neue Milbengeneration durch die Wohnung. Die Ökologie der Milben ist mittlerweile gut erforscht. Ein ideales Milieu stellen all jene „angenehmen" Wohnverhältnisse dar, in denen sich auch der Mensch wohl fühlt. Idealbedingungen für diese Winzlinge herrschen bei einer Luftfeuchtigkeit von 80 Prozent und einer Temperatur um 25 Grad. Da sie sich von Epithelschuppen der Menschen ernähren, ist es auch nicht verwunderlich, daß die Milben vor allem in Polstermöbeln und Betten vorkommen und aus diesen mit herkömmlichen Mitteln nicht mehr zu entfernen sind. Aber auch Teppiche sind für sie ein Schlaraffenland. Begehrt sind für sie auch Ecken und Ritzen, etwa Bodenleisten, wo sie sich gierig auf reichlich vorhandene Bakterien oder Pilze stürzen, sowie Vorhänge, Tapeten – alles, wo es warm ist und die nötige Luftfeuchtigkeit herrscht. Nur eines mögen sie gar nicht: Kälte. Und an dieser Schwachstelle läßt sich auch gut der Hebel ansetzen, einen Großteil dieser Tiere rasch und gründlich los zu werden: Indem man zum Beispiel Bettwäsche, Polster oder Matratzen in einer kalten Winternacht auf den Balkon stellt und nachher gründlich absaugt. Im Sommer ist der große Milbenfeind die pralle Sonne. Sie müssen aber keineswegs während einer Bekämpfungskampagne im Winter (oder auch Sommer) Ihre Tage in einer ausgeräumten Wohnung verbringen, weil Polstermöbel und Bettmaterial gerade auf dem Balkon steht oder in einem kalten Vorraum. Zur Staubverhütung im Schlafzimmer können Sie Matratzen, Kissen und Betten mit staubdichten Allergy-

Ein spezielles Problem

Bekämpfungskampagne

Control-Bezügen absichern. Ein recht gutes Milben-Abwehrmittel haben Wissenschaftler auf der Jahrestagung der amerikanischen Akademie für Allergie und Immunologie in San Antonio, Texas, präsentiert: den Anti-Milben-Spray. Dieser Spray enthält Gerbsäure, eine Substanz, von der bekannt war, daß sie zumindest in Labortests das Milbenallergen unwirksam macht. Resümee der US-Experten: Einen Monat nach der letzten von vier aufeinanderfolgenden wöchentlichen Behandlungen eines Teppichs mit dem Gerbsäure-Spray ließen sich keine Milben-Antigene mehr nachweisen. Grundlegende Tips zum Schutz vor Hausstaubmilben:

Anti-Milben-Spray

Tips zum Schutz

- Wählen Sie als Schlafzimmer einen kleinen,trockenen Raum, der frei ist von Schimmelpilzen.
- Entfernen Sie alle Staubfänger wie Vorhänge, Teppiche, Wandbehänge, Zierdecken. Ideal wären abwaschbare Tapeten und Vorhänge aus synthetischen Fasern, die einmal pro Woche feucht gereinigt werden sollten.
- Entfernen Sie Matratzen, Polster und alle anderen Einrichtungsgegenstände, die Materialien tierischer oder pflanzlicher Herkunft enthalten (z. B. Wolle, Jute oder Daunen).
- Reinigen Sie, wenn möglich, den Schlafraum täglich. Halten Sie möglichst Schubladen, Schränke, Heizkörperverkleidungen staubfrei.
- Zum Reinigen feuchte Tücher verwenden. Bei Arbeiten mit dem Staubsauger legen Sie einen neuen Staubsack ein. Noch besser ist es, sich einen Spezialstaubsauger für Allergiker anzuschaffen. Solche Reinigungsgeräte verfügen über einen Filtervorsatz und halten den gesamten Staub zurück.
- Stofftiere von Kindern oder anderes „Kuschelmaterial“ sollte alle sechs Wochen einer „Kältetherapie“ unterzogen werden. Am besten für zwölf Stunden in die Kühltruhe geben. Das überlebt keine Milbe.
- Im Schlafzimmer sollten Sie keine Pflanzen und auch keine Haustiere halten.

- Verhindern Sie in allen Räumen eine hohe Luftfeuchtigkeit.

Allergien auf Tiere und Pflanzen

Allergien gegen Heu

Tiere machen nicht nur als Inhalationsallergene wie die vorhin besprochenen Staubmilben Probleme. Viele Allergiker reagieren auch auf Tiere überempfindlich. Dabei sind es keineswegs ausschließlich die durch die Luft fliegenden feinen Tierhaare, die zu schaffen machen. Wie Allergiefachleute betonen, entwickeln zum Beispiel mehr Tierliebhaber, als man glauben würde, Allergien gegen Heu eines Hamsterkäfigs, Einstreu in das Katzenklo, ja selbst gegen Fischfutter sind schon Allergien aufgetreten. Manche Leute sind aber nicht gegen alles, was Haare trägt allergisch. Es sind auch Fälle bekannt, wo nur auf Tiere mit langem Haar überreagiert wurde, auf jene mit kurzen Haaren aber nicht. Überdies kann es vorkommen, daß beispielsweise ein Kind auf den Nachbarhund allergisch reagiert, auf das eigene Haustier aber nicht – oder umgekehrt. Befindet sich ein Allergiker in der Familie, sollten Sie vorsichtshalber ganz auf einen vierbeinigen Hausgenossen verzichten. Das ist immer noch besser, als einen Zimmergenossen, den man ins Herz geschlossen hat, abgeben zu müssen. Aber auch hier gibt es eine „Rangliste" der Haustiere: Auf Katzen sind die meisten Allergiker empfindlich. Gleich danach sind die stärksten Allergieauslöser Nagetiere wie Meerschweinchen, Hasen, Hamster, Mäuse und Ratten. Das „Schlußlicht" bilden Hunde. Sie sollten auch wissen, daß nahezu ein Drittel aller Allergiker auf Tiere empfindlich reagieren. Darüber hinaus ist rund ein Viertel der Tierfreunde auch durch Vögel in der Gesundheit bedroht, da die gefiederten Hausgenossen eine Krankheit, die „Vogelhalterlunge" genannt wird, auslösen können. Schuld am Entstehen einer Allergie sind

„Rangliste" der Haustiere

neben den Tierhaaren auch Haut- und Federschuppen oder Fasern aus dem Fell, Speichel, Urin oder Kot. Auf diese Weise eingeatmete oder durch Berührung des Tieres in den Körper gelangte Allergene können die Lungenfunktion beeinträchtigen oder auch zu Hautausschlägen führen.

Allergisch auf Tierhaare

Allergiefachmann Prof. Raab rät auch, bei vorhandener Tierallergie alle Tierfelle oder ausgestopften Tiere aus der Wohnung zu entfernen. Darüber hinaus sollten Roßhaarmatratzen, Federkissen und Daunendecken durch Schaumstoffinhalt und einen möglichst glatten Überzug aus Kunststoff ersetzt werden. Aber: Wenn sich ein Kind auf Grund eines Hauttests als allergisch auf Tierhaare erweist, heißt das keineswegs, daß dieses Kind sein ganzes Leben lang keinen Tierkontakt mehr haben darf. Diese Allergie kann sich von selbst wieder geben und das Kind in späteren Jahren eine ungetrübte Freude an einem „Spielgefährten mit dem Wuschelfell" haben.

Achtung! Bei vorliegender Tierhaarallergie kann der Besuch im Zoo oder Zirkus, ein Gang durch den Viehstall, Kontakt mit einem Reitpferd oder der Besuch in der Wohnung eines befreundeten Tierhalters zu einem echten Problem werden und einen Anfall auslösen. Problematisch können in diesem Zusammenhang allerdings auch Sitzmöbel werden, die mit Roßhaar gefüllt sind. Und selbst „behaarte" Kleidungsstücke sind nicht selten bei empfindlichen Personen Allergieauslöser.

Es gibt nichts, was es nicht gibt

In der westlichen Welt und auch in den USA reagiert rund ein Prozent der Bevölkerung auf das Gift von Bienen, Wespen, Hummeln oder Hornissen allergisch. Die dadurch ausgelösten Reaktionen sind oft sehr heftig, mitunter sogar lebensbedrohend. Es gibt nichts, was es nicht gibt – das gilt natürlich auch für die Allergie. So sind etwa viele Allergiker nicht nur auf pflanzlichen Blütenstaub allergisch, sondern überhaupt auf einen Teil der Flora. Die „reizende" Reaktion wird dabei durch Berühren, aber auch durch Einatmen des Duftes ausgelöst. Dabei ist eine Überempfindlichkeit gegen Hölzer relativ selten. Was aber nicht heißt, daß Allergiker deshalb sorglos sein können. So sind etwa ausreichend Fälle dokumentiert, daß zum Beispiel ein im Urlaub erstandenes Souvenir oder Schmuckstück aus einem exotischen Holz in der Heimat (oder auch sofort vor Ort) zu einer allergischen Reaktion geführt hat. Überdies sind Reaktionen auf bestimmte Nadelbäume und deren Harz bekannt geworden. Wer häufig mit Holz arbeitet sollte bedenken, daß auch Holzstaub eine entsprechende Reaktion auslösen kann und ebenso Schimmelpilze bei länger gelagertem Holz zu Problemen führen können. Bei krautigen Gewächsen kann es allein durch die Berührung des behaarten oder filzigen Stengels oder Blattes entsprechend „reizend" zugehen. Pflanzen mit glatten Blättern machen Allergikern hingegen viel weniger zu schaffen. Tulpen, Narzissen und Hyazinthen sind ebenfalls schon in Verruf geraten. Im Grunde genommen kann jede Pflanzenfamilie zu einer allergischen Reaktion führen. Bei häufigem Kontakt haben sich aber nachfolgend angeführte Pflanzenfamilien für empfindliche Personen immer wieder als allergieauslösend erwiesen:

Allergieauslösende Pflanzenfamilien

- Primelgewächse (z. B. Himmelsschlüssel)
- Liliengewächse (z. B. Tulpen, Hyazinthen, Knoblauch, Schnittlauch, Zwiebel)
- Narzissengewächse (z. B. Osterglocken und Narzissen)
- Doldenblütler (z .B. Möhren, Sellerie, Schafgarbe)
- Brennesselgewächse (z. B. Glaskraut, Brennessel)
- Maulbeerbaumgewächse (z. B. Hopfen - ist etwa in Bier enthalten)
- Rautengewächse (z. B. Orangen, Zitronen)
- Korbblütler (z .B. Ringelblume, Aster, Tagetes, Gänseblümchen)
- Aronstabgewächse (z .B. Philodendron).

Natürlich sind Allergiker auch nicht sicher vor Pflanzen oder deren Teile, die als Grund-, Zusatz-, Duft-, Aromastoffe in Lösungsmitteln, Lebensmitteln, Tabletten oder Papieren enthalten sind.

Schimmelpilz-Allergien

Unscheinbare Pflanzen

Als „unsichtbare Feinde der Allergiker" sind diese winzig kleinen Pflanzen in hohem Maße gefürchtet. Aspergillus – das ist der wissenschaftliche Name jenes Schimmelpilzes, der Asthmatikern am meisten zu schaffen macht. Man findet ihn praktisch überall – seine Sporen befinden sich in der Luft, im Erdreich (Blumenerde!), auf verderbenden Lebensmitteln, aber auch im Staub. Am besten freilich gedeiht dieser Pilz dort, wo es feucht und angenehm warm ist und wo es wenig oder kaum Luftzug gibt. Da diese unscheinbaren Pflanzen praktisch überall vorkommen und vor allem deren Sporen mit freiem Auge nicht zu sehen sind, werden sie „unsichtbare Feinde der Allergiker" genannt. Abgesehen von Aspergillus sind es viele weitere Arten, die Allergien hervorrufen. Die wissenschaftlichen Namen der drei häufigsten sind durchaus ins Ohr gehend: Altemaria, Cladosporium, Penicillium. Sie sind an Topfpflanzen ebenso zu finden wie im Kondenswasser in Feuchträumen, in der Küche oder an Fensterscheiben. Luftbefeuchter sind häufig ein Eldorado für Schimmelpilze. Die unterschiedlichen Bedingungen in Innenräumen (ökologische Nischen) lassen die verschiedensten Arten „aufblühen" – Botaniker haben bisher rund 100 000 Arten untersucht und penibel beschrieben. Je nach Umweltbedingungen erzeugen sie eine große Zahl verschiedenster Allergene, welche einzeln oder in Kombination zu allergischen Reaktionen führen. Im Haushalt sind vor allem dann erhöhte Schimmelpilzzahlen zu erwarten, wenn die Luft durch Teppichsaugen, Bettenmachen und andere Haushaltsarbeiten aufgewirbelt wird. Dabei fliegen neben feinsten Staubpartikeln und kleinen Faserstückchen auch Hausstaubmilben durch die Luft und gelangen gemeinsam mit den Pilzsporen auf Schleimhäute oder in die Atemwege.

Erhöhte Schimmelpilzzahlen

Es ist allerdings nicht ganz richtig zu sagen, „die Schimmelpilze" machen allergisch. Denn es ist nur von wenigen Arten bekannt, daß sie Allergikern das Leben schwermachen. Da „Schimmel" aber auch von der Lebensmittelindustrie eingesetzt werden, sind sie – oder die von ihnen verwendeten Stoffwechselprodukte – in einer Vielzahl von festen und flüssigen Nährmitteln sozusagen „in geheimer Mission" enthalten. So werden sie etwa für die Produktion von Zitronen-, Apfel- und Glukonsäure herangezogen, die in der Lebensmittel- und Pharmaindustrie Verwendung finden. Einige dieser Pilze (die Wissenschaft spricht dabei übrigens von „imperfekten" Pilzen, weil man deren Hauptfruchtform – Ständer und Hut – nicht kennt oder weil es die vielleicht überhaupt nicht gibt) werden auch zur Herstellung von Käse verwendet. Wenn Sie an einer Schimmelpilz-Allergie leiden, – sorgen Sie dafür, daß stets gut gelüftet wird;

„Imperfekte" Pilze

- möglichst keine Luftbefeuchter verwendet werden – je trockener desto schlechter für die Pilze;
- Fußböden, Wände, Möbel immer trocken sind:
- eventuell vorhandene feuchte Stellen hinter Kästen, Holzverkleidungen und ähnlichem schleunigst trockengelegt werden;
- daß keine Topfpflanzen in Ihrer Nähe stehen;
- Küchenabfälle möglichst rasch beseitigt werden;
- verderbliche Lebensmittel stets rasch in den Kühlschrank wandern und nicht längere Zeit „an der Luft" liegen bleiben
- und „Schimmelkäse" wie Gorgonzola, Camembert oder Brie völlig von Ihrem Speisezettel gestrichen wird.

Vermeidungs-Strategien

Abgesehen von diesen Vermeidungs-Strategien können Sie auch selbst aktiv gegen Schimmelpilze vorgehen. Beispielsweise, indem Sie Oberflächen mit einer Natrium-Bikarbonat-Lösung abwaschen. Die meisten Pilze können nämlich in alkalischem oder basischem Milieu nicht überleben. Danach sollten die so behandelten Stellen aber gründlich getrocknet werden.

Lebensmittelallergien

Die körperlichen Symptome einer Nahrungsmittelüberempfindlichkeit können bereits ein bis zwei Stunden nach Einnahme einer Mahlzeit auftreten. Es gibt aber auch Stoffe, die in Lebensmittel oder Getränken enthalten sind, welche erst nach vielen Stunden oder gar erst Tagen Beschwerden verursachen. Verantwortlich dafür können sowohl die Nahrungsmittel selbst als auch Zusätze, Konservierungsmittel oder Farbstoffe sein. Auch Tiermedikamente wie Antibiotika oder Rückstände von Pflanzenschutzmitteln sind in der Lage, allergische Reaktionen zu bewirken.

Nahrungsmittelüberempfindlichkeit

Selten ist es allerdings ein Allergen allein, das Beschwerden macht. Es sind fast immer mehrere Allergene an einer Nahrungsmittelunverträglichkeit beteiligt, wie zum Beispiel Kuhmilch, Hühnerei und Weizen gemeinsam. Allergische Reaktionen treten jedoch nicht nur durch den Verzehr auf. Auch durch Berührung mit der Haut, ja sogar durch den Geruch können solche Reaktionen entstehen. Neueste wissenschaftliche Untersuchungen zeigen, daß rund 3 bis 5 Prozent der Bevölkerung eine Nahrungsmittelallergie haben. Frauen sind davon etwa zweimal so häufig betroffen wie Männer. Allein in der Bundesrepublik Deutschland leben zwischen 2 und 3 Millionen Bundesbürger, die auf bestimmte Lebensmittel allergisch reagieren.

Milchallergiker

Am weitesten verbreitet ist die Allergie gegen Kuhmilch – daran leidet rund ein Prozent der Bevölkerung. Gekochte Milch wird von den meisten erstaunlicherweise aber gut vertragen. Von allen jenen, die eine Nahrungsmittelallergie quält, sind übrigens rund drei Viertel auf Kuhmilch allergisch. Gleich hoch ist die Zahl der Hühnerei-Allergiker. Immerhin noch 11 Prozent können Fisch „nicht vertragen". Für Milchallergiker sind streng verboten: Milch in jeder Form (außer gekocht), alle Fertigwaren, in denen Milch enthalten ist, z. B. Rahm, Eisspeisen, Joghurt, Käse, Schokolade, Kuchen, Fertigsoßen, Pralinen, Mayonnaisen, Wurst, Pasteten, Senf, Nudel, Quark.

An zweiter Stelle der Nahrungsmittelallergien steht, wie oben kurz angedeutet, die Hühnerei-Allergie. Dabei spielt das Eiklar die erste Geige, es wirkt stärker allergen als Eigelb. Eine Hühnerei-Allergie kann auch – muß aber nicht – mit einer Hühnerfleisch-Unverträglichkeit Hand in Hand gehen. Übrigens enthalten oft auch Impfstoffe gegen Viren (Influenza-Impfung!) Hühnereiweiß. Nach dem Genuß von Hühnerei kann es aber auch plötzlich zu einer Fischallergie kommen. Das hat folgenden Grund: Besonders „Batteriehühner", aber zum Teil auch Freilandfedervieh wird mehr oder minder viel mit Fischmehl ernährt. So kommen Fisch-Allergene in das Ei bzw. Hühnerfleisch.

Fisch-Allergene im Ei

Fische und Krebse und Weichtiere stehen an dritter Stelle der allergenen Nahrungsmittel.Von den derzeit bekannten 50 Fisch-Ordnungen, 445 Familien, 4000 Gattungen und 20 000 Arten sind zum Glück nur relativ wenige bei uns als Speisefisch genutzt. Was allerdings erschwerend ist: Allergien können „kreuzweise" für verschiedene Fischarten auftreten. Etwa gegen Scholle und Makrele. Oder Muscheln und Shrimps. Bei einer Nahrungsmittelallergie kann es im harmlosesten Fall bloß zu einem Hautausschlag, zu Jucken oder ständig laufender Nase kommen. Gravierendere Folgen können sich aber auch einstellen wie zum Beispiel Bauchkrämpfe, Erbrechen, Atembeschwerden, Schwellungen an den Gelenken, Schwindelgefühl, Entzündungen.
Allergische Reaktionen können bei Lebensmittelallergikern am ganzen Magen-Darm-Trakt auftreten. Das beginnt mit Schwellungen der Mundhöhle, geht über Entzündungen des Magens, Dünndarms, Dickdarms bis zu Reizungen und Entzündungen von Enddarm und After.

Kontaktekzem

Das ist neben dem Heuschnupfen und der damit Hand in Hand gehenden Bindehautentzündung die am häufigsten auftretende Form einer allergischen Reaktion. Bis zu 10

Bindehautentzündung

Prozent der Bevölkerung leiden zeitweise oder ständig daran. Dabei steht an erster Stelle Nickel. Nickel findet sich aber nicht nur in Schmuck. Es kann genausogut ein Bestandteil des Kochgeschirrs, aber auch von Hosenknöpfen sein. Was für die Praxis bedeutet: Modeschmuck, Gürtelschnallen, Reißverschlüsse, Druckknöpfe, Schließen, Schlüssel und sogar Kleingeld können zu juckenden und auch schmerzhaften Konsequenzen führen. Übrigens: Auch Nahrungsmittel können Nickel enthalten. Einen hohen Gehalt davon weisen Hülsenfrüchte wie Erbsen, Linsen, Bohnen auf, aber auch Haferflocken, Nüsse, Mandeln und Kakao. Meist tritt gleichzeitig mit der Nickel- auch eine Kontaktallergie auf. Dieses Metall ist unter anderem auch in Scheren, Nadeln, im Besteck und in Schraubenschlüsseln verarbeitet. Aber selbstverständlich kann auch beinahe jedes andere Metall eine Allergie auslösen. Mit der Aufzählung aller chemischen Stoffe, anorganischen, organischen Substanzen und Metalle könnten viele Seiten gefüllt werden. Daher kann hier nur ein äußerst kursorischer und notgedrungen nur beispielhafter Überblick geboten werden. Sehr vielen Menschen macht das allergisch bedingte Kontaktekzem zu schaffen. Und nicht selten bleibt den Betroffenen keine andere Wahl, als den Beruf zu wechseln. Besonders betroffen davon sind Friseure und Maurer.

Nickel

Ausgelöst wird dieser Ausschlag durch Allergene, die auf die Haut gelangen. Die wichtigsten und auch für den Laien gut erkennbaren Symptome sind: Rötung, Juckreiz, Bläschenbildung am Ort der Einwirkung. Das ist aber leider nicht immer der Fall.

Erkennbare Symptome

Wie Prof. Dr. Gerd Klaus Steigleder, ehemaliger Direktor der Universitätshautklinik Köln, berichtet, „können die Allergene aber auch auf die Haut an einer Stelle einwirken, an der der Zusammenhang zwischen Ekzem und Allergen nicht ohne weiteres gegeben ist. Wenn zum Beispiel der gegen Nagellack allergische Patient mit frisch lackierten Nägeln an Augenlidern und Hals reibt, so entsteht hier ein Ekzem. Ätherische Öle und Kunstharze ziehen oft die Augenlider in Mitleidenschaft." In Europa sind etwa zwei Dutzend Allergene die Ursache für Kontaktekzeme. Dazu gehören, listet Prof. Steigleder auf, Nickelsalze (auf die besonders Frauen empfindlich reagieren), Chromate (in Zement enthalten), Chemikalien in Gummi, Wollfette, Formaldehyd, Kolophonium, Farbstoffe und Terpentin. Kontaktallergien lösen aber auch noch häufig folgende Substanzen aus:

Auslösende Substanzen

- Neomyzin, das als antibiotischer Zusatz in Lokaltherapeutika vorkommt;
- Sulfonamide, die gegen Infektionskeime eingesetzt werden;
- Terpentin aus Lösungsmitteln, Farben, Lacken, Schuhcremes, Druckerschwärze;
- Nickelsulfat, das aus Metallen – auch aus Innenprothesen (Nägel, künstliche Hüftgelenke usw.) – und Metallgegenständen an der Kleidung stammen kann, aus Modeschmuck, Katalysatoren, Farben und Beizen.

Betroffen können alle Körperteile vom Scheitel bis zur Sohle sein.

Kontaktekzeme: Lokalisation und Ursache

Behaarter Kopf: Alle Kosmetika einschließlich Haarfärbe- und Pflegemittel. Die Kopfhaut ist jedoch besonders unempfindlich gegen Allergene. Daher manifestiert sich deren unerwünschter Effekt oft an den Augenlidern, Ohren, Nacken, Gesicht und an den Händen.
Augenlider: Substanzen, die auf den behaarten Kopf, das Gesicht und die Hände gelangen. Im besonderen sind das: Nagellack, gasförmige Allergene – zum Beispiel aus Parfüms –, Nasenspray, Insektenspray, Reinigungsmittel, Polituren, Pflanzenöle, Hölzer, Kunstharze, Reinigungsmittel für Kontaktlinsen.
Stirn: Hutbänder (Chromat und Stoffe, mit denen Hüte präpariert werden, wie Lorbeeröl oder Kunststoffe.
Gesicht: Alle Kosmetika, die im Gesicht und seiner Nach-

barschaft benutzt werden. Aber auch Stoffe, die von den Händen oder aus der umgebenden Luft auf das Gesicht gebracht werden.

Ohrläppchen: Ohrringe, besonders bei Nickelüberempfindlichkeit.

Nasenregion: Nasensalben und -tropfen, Sprays, Parfüms, Menthol in Taschentüchern.

Lippen: Zahnpasten, Mundwasser, Zitrusfrüchte und andere Nahrungsmittel, auch Konservierungsmittel bzw. Farbstoffe in Lebensmitteln, Lippenstifte, Lippensalben, Endstücke von Zigaretten, Zigarren, Pfeifen-Mundstücke.

Nacken und Hals: Alle Arten von Kragen, Parfüms, Nagellack, Kosmetika, Farbstoffe in Kleidungsstücken, Schmuck, Unverträglichkeit von tierischem Material (Wolle, Seide, Pelz).

Achselhöhlen: Desodorantien, Enthaarungsmittel, „Schweißschlucker", Schweißblätter, Kleidungsmaterialien, Farbstoffe in Kleidern, Parfüms.

Hände, Handrücken und Unterarme: Wasch- und Reinigungsmittel, Nickel. Plastik oder Farbstoffe vom Lenkrad eines Autos oder auch eines Fahrradlenkers, Gummihandschuhe, Schreibgeräte, Brillengestell. Des weiteren: Überempfindlichkeit gegen Salben oder Zäpfchen, die mit den Fingern eingeführt werden, Pflanzen einschließlich Pflanzenzwiebeln, Knoblauch, Tomaten, Mohrrüben, Stoffe aus Beruf und Freizeit.

Oberkörper: Kleidungsstücke, Bademittel, Seifen, Massagemittel, Tascheninhalt, Metalle.

Genitale: Stoffe der Intimhygiene, Parfüms, Substanzen, die mit der Hand an die Genitalregion gebracht werden.

Bauch: Knöpfe, Hosennieten.

Gesäß: Klosettdeckel, Kissenbezüge, Unterlagen.

Oberschenkel: Strumpfhalter, Inhalt der Hosentasche, Waschmittel in der Unterwäsche, Innenseite der Oberschenkelbekleidung.

Bein: Strumpfmaterial, Strumpffarben, Krampfadertherapie, Wollfette.

Füße: Schuhmaterial kann auf der Rückseite der großen Zehen Ekzeme verursachen, Pilzbekämpfungsmittel, aber auch Mittel, um Fußpilzen vorzubeugen (enthalten vielfach Formaldehyd).

Heuschnupfen

Eine der häufigsten allergischen Erkrankungen, unter der sicher schon jeder irgendwann einmal in seinem Leben zu leiden hatte, ist der sogenannte Jahr für Jahr regelmäßig wie die Uhr wiederkehrende „Heuschnupfen".

Allergische Rhinitis

An dieser Krankheit, im Fachjargon allergische Rhinitis (Nasenhöhlenkatarrh) genannt, leiden heute doppelt so viele Menschen als noch vor zehn Jahren, nämlich rund 15 Prozent der Bevölkerung! Die Bezeichnung „Heuschnupfen" stimmt übrigens nicht ganz. Denn der Allergiker leidet keineswegs unter dem Heu, sondern vielmehr unter dem Blütenstaub einer ganzen Reihe von Gewächsen. Am stärksten treten die Symptome aber zwischen dem 20. und 50. Lebensjahr auf. Mit zunehmendem Alter läßt der Heuschnupfen (und auch andere Allergien) allmählich nach, ja er kann auch ganz verschwinden. Die allergische Rhinitis bildet aber auch eine der größten Gefahren zur Entwicklung eines Asthma – das macht diese oft unterschätzte und daher auch auf die leichte Schulter genommene Erkrankung so tückisch.

Die Zahl der gefährdeten Menschen kann nur damit drastisch reduziert werden, indem möglichst viele bei ihrem Arzt einen einfachen Lungentest mit dem Atemstoßmeßgerät vornehmen. Wenn die Atemstoß-Leistung von den Normalwerten abweicht, wird eine Therapie notwendig sein. Allergiespezialisten heben aber ausdrücklich hervor, daß heute niemand mehr Angst vor inhalierten Kortikoiden (Kortison) haben muß: Das Kortison bekämpft die Entzündung nur dort, wo es wirken soll: in den Atemwegen, versichern erfahrene Pulmologen (Lungenspezialisten).

Kortison

Die allergische Rhinitis sollte jedenfalls ernst genommen werden, weil sich aus ihr – je länger sie dauert – im Laufe der Jahre ein Bronchialasthma entwickelt. Patienten mit ständigen Schnupfensymptomen sollten daher frühzeitig einen Arzt beiziehen, der klärt, welche Ursachen dafür verantwortlich sind. Diese Abklärung durch den Arzt ist deshalb wichtig, weil neben einer allergischen Rhinitis, die vom Pollenflug ebenso herrühren kann wie von Autoabgasen, Tierhaaren, Hausstaubmilben, Schimmelpilzen oder chemischen Gasen, auch eine Virus-Infektion den Schnupfen ausgelöst haben kann. Ein Medikament, eine Schilddrüsenstörung oder die Überempfindlichkeit der Nasenschleimhäute kommen dafür ebenfalls in Frage.

Überempfindlichkeit der Nasenschleimhäute

Komplikationen, die bei einem „Schnupfen" auftreten, dürfen daher nicht bagatellisiert werden. Immerhin kann eine chronisch behinderte Nasenatmung sonst gesunde Menschen bei körperlicher Anstrengung sehr belasten. Liegt außerdem eine Herz-Kreislauf-Erkrankung vor, kann es zu erheblichen Sauerstoff-Mangelzuständen kommen, die dann das labile Gleichgewicht des kreislaufkranken Patienten zur Entgleisung bringen.

Etwa ein Drittel der Patienten, die mit einer sommerlich rinnenden Nase beginnt, leidet nach wenigen Jahren an einem Asthma bronchiale, wenn nicht rechtzeitig mit einer entsprechenden Behandlung begonnen wird.

Asthma

Beschwerden mit anfallsweiser Atemnot, Gefühl des „Pfeifens" oder eines beengten Gefühls im Brustkorb und zusätzliche Hustenattacken sollten für Asthma bronchiale hellhörig machen. Asthma ist eine anfallsweise auftretende und reversible Verengung der Atemwege aufgrund eines überempfindlichen Bronchialsystems und tritt häufiger auf, als bis vor kurzem selbst Fachleute angenommen haben. Ausgelöst kann der „geraubte Atem" durch eine Reihe von Allergenen werden. Etwa durch Pollen, Bettfedern, Tierhaare, Staub, Schimmelpilze, Eier, Mehl, um nur einige Beispiele zu nennen. Angaben über Asthma bronchiale liegen zwischen 0,7 und 8,4 Prozent. Im Rahmen

Verengung der Atemwege

einer europäischen Studie zur Erfassung von Asthmahäufigkeit und deren Risikofaktoren, die an mehreren medizinischen Zentren durchgeführt wurde) wurden in Wien 3000 Personen untersucht. Die Ergebnisse ließen selbst langgediente Lungenfachärzte aufhorchen. Zwar geben nur 2,2 Prozent der Wiener und Wienerinnen an, in den letzten 12 Monaten einen Asthmaanfall gehabt zu haben. Insgesamt hatten jedoch zirka 29 Prozent der Bevölkerung Atemwegsprobleme (in den der Untersuchung vorangegangenen 12 Monaten klagten ca. 14 Prozent über Giemen, Pfeifen oder Brummen im Brustkorb; 6 Prozent fühlten sich dabei noch außer Atem, beinahe jeder Zehnte klagte über nächtliches Aufwachen wegen Engegefühls im Brustkorb oder Kurzatmigkeit, und 17 Prozent gaben an, wegen Hustenanfällen in der Nacht aufzuwachen).
Diese Atemwegsprobleme sind zwar nicht alle asthmatisch, weisen jedoch auf einen hohen Anteil von bronchialen Beschwerden und bronchialer Überempfindlichkeit in der Bevölkerung hin. Der Anteil von unentdecktem Asthma bronchiale ist, wie die Experten vermuten, jedoch noch um einiges größer als der Prozentsatz der bekannten Asthmatiker.

„Versteckter Mörder"

Das renommierte Magazin TIME nennt Asthma sogar den „versteckten Mörder". Wie die TIME-Redaktion in ihrer Nummer vom 14. August 1995 berichtet, sterben in den Vereinigten Staaten pro Jahr mehr als 6000 Menschen an Asthma, 15 Millionen Amerikaner dürften an dieser Behinderung der Atemwege leiden. Seit 1990 hat sich allein die Zahl der diagnostizierten Fälle um 50 Prozent erhöht. „Noch alarmierender ist", berichtet Kathy Booth, „daß die Todesrate an Asthma, die seit den 70er Jahren stetig zurückgegangen ist, seit 1979 wieder scharf angestiegen ist und dieser Trend auch heute noch anhält." Der allergische Nasenhöhlenkatarrh scheint der wichtigste Risikofaktor für Beschwerden im unteren Atmungstrakt und für Asthma bronchiale zu sein. „Die Verhinderung oder frühzeitige und konsequente Behandlung einer allergischen Rhinitis muß daher nicht nur als individuelle Maßnahme, sondern auch als wesentliche gesundheitspolitische Maßnahme betrachtet werden. Über die möglichen Langzeitfolgen von nicht erkanntem Asthma bronchiale kann nur spekuliert werden, es erscheint jedoch vernünftig, den Anteil der an bisher nicht erkanntem Asthma bronchiale Leidenden durch weitere gesundheitspolitische Maßnahmen zu verringern", stellt dazu der Lungenfacharzt Dozent Dr. Wolfgang Popp fest.

Todesfälle in Folge von Asthma

In den letzten 20 Jahren haben, verlautet der Internatonal Asthma Council, die Todesfälle in Folge von Asthma besonders unter den jungen Erwachsenen dramatisch zugenommen. In Großbritannien sind etwa ein Drittel der jährlichen Todesfälle auf diese Atemwegserkrankung zurückzuführen. Bald werden mehr Menschen an Asthma sterben als durch Verkehrsunfälle, sind die Experten des Asthma-Council überzeugt und fügen im gleichen Atemzug hinzu: „Die meisten dieser Todesfälle gelten als vermeidbar, wenn die Patienten die richtigen Therapiemaßnahmen erhielten und diese konsequent eingehalten würden." Über die Ursachen dieses rapiden Anstiegs der Asthma-Todesfälle wird unter den Spezialisten noch heftig diskutiert. Eine der Annahmen ist, daß Asthma zu selten diagnostiziert wird.

„Der gestohlene Atem"

Wobei bis dato noch nicht klar ist, weshalb in manchen Fällen die typischen Symptome wie Husten, anfallsartige Atemnot und Auswurf auch ohne Behandlung vergehen. Darauf sollte man sich aber keineswegs verlassen. Je früher eine Behandlung einsetzt, desto besser kann „der gestohlene Atem", wie Asthma auch genannt wird, behandelt werden. Beschwerdefreie Intervalle sollten ebenfalls nicht in Sicherheit wiegen. Wie nämlich Experten des International Asthma Council (IAC) feststellten, „ wechseln sich bei rund 40 Prozent der Betroffenen beschwerdefreie Intervalle mit Phasen von Beschwerden ab". Die Anfälle treten aber meist aus heiterem Himmel auf und dauern Minuten bis zu einigen Stunden. Seelische und körperliche Belastungen können die Symptome verschlechtern. Aber auch Wettereinflüsse, Temperaturveränderungen und speziell Infektionskrankheiten sind auch in der Lage, die Symptome zu verschlechtern. Außerdem reagieren 5 bis 20 Prozent der Asthmatiker auf Schmerz- und Rheumamittel mit Atemnot. Auch Mittel gegen Bluthochdruck, sogenannte Betablocker, können die Ursache einer Verschlechterung sein.

Betablocker

Allergie des Auges

Eine bei allergischem Schnupfen fast immer gleichzeitig vorliegende Allergie ist die allergische Bindehautentzündung. Wer davon betroffen ist, kann seine Umwelt kaum sehen, die Augen sind verschwollen und tränen. Dabei spielen aber sowohl genetische als auch umweltbedingte Faktoren mit. Diese Erkrankung ist sozusagen der Vorläufer einer Pollenallergie und beginnt meist schon ein Jahr, bevor sich die Pollenallergie in ihren typischen Merkmalen zeigt.

Vorläufer einer Pollenallergie

Haut- und Schleimhautallergien

Allergien der Haut entstehen in den meisten Fällen durch Kontakt der Haut mit dem Allergen und treten als Allergien von Spättyp auf. Allergische Reaktionen der Schleimhäute (zum Beispiel die allergische Bindehautentzündung) manifestieren sich hingegen meist als Allergie vom Soforttyp. Rund 80 Prozent aller Allergien, betont der Wiener Allergiefachmann Prof. Wolfgang Raab, sind Allergien des Atmungstraktes. Betroffen davon sind besonders die Schleimhäute der Nase und der Bronchien.

Allergien der Atemwege

Allergische Erkrankungen des Blutes

In diesem Fall kann es unter Umständen zu einem bedrohlichen Abfall der Zahl der weißen, der roten Blutkörperchen oder der für die Gerinnung maßgeblich verantwortlichen Blutplättchen kommen. Als Auslöser sind dafür meist chemische Substanzen (Medikamente) verantwortlich. In vorderster Linie stehen dabei schmerzlindernde Mittel, Schlafmittel, Antibiotika und Chemotherapeutika. Liegt jedoch eine Chinin-Allergie vor, kann es auch ohne Kontakt mit diesem Medikament zu kleinen Blutungen unter der Haut kommen. Professor Raab: „Chinin wird zwar medizinisch nur mehr selten eingesetzt, doch diese Substanz findet als Bitterstoff im Tonic-Water Anwendung. Jedesmal nach Genuß eines mit Tonic zubereiteten Cocktails treten daher beim chininallergischen Patienten diese kleinen Hautblutungen auf."

Medikamente als Auslöser

Gummiallergie

Diverse Chemikalien, die während der Produktion von Gummihandschuhen, Schuhen, Badeanzügen oder Gummibändern dem Ausgangsmaterial zugesetzt werden, können ebenfalls eine Allergie auslösen. In die Medien geraten ist in letzter Zeit die Latexallergie, die unter anderem Chirurgen und Operationspersonal sehr zu schaffen machen kann. Aber, auch das ging durch die Fernschreiber internationaler Agenturen, nicht nur Handschuhe, sondern auch Kondome können bei ihrem Träger eine Allergie auslösen und die im Aids-Zeitalter ausgegebene Parole vom „safer sex" zunichte machen. Manche dieser Gummi-Zusatzstoffe (es sind vor allem sogenannte aromatische Amine) kommen jedoch auch in der Metall- und Druckindustrie sowie in der Pelzverarbeitung zum Einsatz. Dagegen kann man sich nur durch Hautschutzsalben schützen oder als letzte Konsequenz, wenn das auch nicht zum Ziel führt, durch Wechsel des Arbeitsplatzes.

Aromatische Amine

Arzneimittelallergie

Experten schätzen, daß rund 5 Prozent aller Patienten in Spitälern wegen Unverträglichkeitsreaktionen auf Arzneimittel aufgenommen werden müssen. Arzneimittelallergien sind also relativ häufig, und fast ein Viertel der Nebenwirkungen von Medikamenten beruhen auf allergischen Reaktionen. Doch wie es scheint, gibt es da eine beachtliche Dunkelziffer, nämlich jene Menschen, die nie im Leben auf die Idee kommen würden, daß die Einnahme eines von ihrem Arzt verordneten Medikaments – erst viele Stunden später, wenn man gar nicht mehr an diesen Zusammenhang denkt – die Allergie, die bei ihnen plötzlich auftritt, ausgelöst haben könnte. Die beiden Ärzte Dr. Daniel Vervlot und Dr. Michel Pradel vom Sainte Marguerite Hospital in Marseille, Frankreich, meinen sogar, daß beinahe jeder zehnte Patient auf Medikamente allergisch ist. Warum es dabei zu einer allergischen Reaktion kommt, ist noch weitgehend ungeklärt. Die beiden Spezialisten listen in ihrem Buch: „Drug allergy" nicht weniger als hundert Medikamente auf, von denen allergische Reaktionen bekannt sind. Allergien kann es, so die französischen Experten, praktisch auf alle Gruppen von Arzneimitteln geben. Auch jene Stoffe, die gegen Entzündungen – etwa bei Allergien auftretende Entzündungserscheinungen – verabreicht werden, können plötzlich eine Allergie bewirken. Dabei kommt es aber nicht nur auf die Inhaltsstoffe an. Dr. Pradal berichtet: „Das Alter des Patienten ist zweifellos bedeutsam für das Auftreten einer Allergie, da solche Reaktionen bei Kindern kaum zu finden sind. Auch die intravenöse Verabreichung eines Medikaments scheint ein Risikofaktor in Richtung Allergie zu sein."

Nebenwirkungen von Medikamenten

Neurodermitis

Die Neurodermitis ist eine Erkrankung des Kindes- und Jugendalters und heilt in 95 Prozent der Fälle vor dem 30. Lebensjahr wieder aus. Diese Krankheit ist eine der häufigsten bei Kindern und jungen Erwachsenen. Sehr oft liegt bereits eine familiäre Belastung vor.Leider gibt es dagegen noch kein „Allheilmittel". Daher ist in jedem Fall eine individuelle Therapie nötig. Dabei ist es oft recht aufwendig, herauszufinden, wo der Grund für die Überempfindlichkeit liegt. Aber durch Umstellung der Ernährung, Meiden der allergenen Stoffe und sorgfältige Hautpflege lassen sich selbst die Beschwerden einer schweren Neurodermitis lindern. Sehr wichtig ist auch, Streß möglichst aus dem Wege zu gehen und zu versuchen, ihn ganz zu vermeiden, denn Streß kann die Symptome verstärken.

Es gibt kein „Allheilmittel"

Kinder und Allergien

Allergische Erkrankungen sind unter Kleinkindern viel häufiger verbreitet, als man glauben würde. Wie Kinderärzte feststellen, haben bis zu 16 Prozentaller Säuglingeam Ende des ersten Lebensjahres eine Neurodermitis, eine allergisch bedingte Hauterkrankung mit Ekzembildung, oder sie leiden auch unter einer Windeldermatitis. Im Laufe der Jahre nimmt diese Zahl allerdings wieder ab. Dafür sieht in späteren Jahren das Spektrum der Allergien auch anders aus. So leiden rund 10 Prozent der 7- bis 10jährigen an Asthma-Symptomen, Heuschnupfen tritt bei etwa 17 Prozent der 17jährigen auf.

Neurodermitis

In der Gesamtbevöklerung ist mit über 20 Prozent an „angeborener Allergiebereitschaft" (Atopie ist der Fachausdruck dafür)zu rechnen. Und wenn in der Familie bereits Allergien vorherrschen, ist das Risiko, zu erkranken, für die Nachkommen sogar deutlich höher. Ist ein Geschwister betroffen, hat das Neugeborene ein 25- bis 30prozentiges Erkrankungsrisiko. Bei einem betroffenen Elternteil beträgt das Risiko zwischen 25 und 40 Prozent, bei Erkrankung beider Eltern 40 bis 60 Prozent. Und sind beide Eltern in gleicher Weise auf den gleichen Auslöser (Pollen, Chemikalien oder ähnliches) allergisch, beträgt die Wahrscheinlichkeit für die Kinder, ebenfalls daran zu erkranken, 60 bis 85 Prozent.

Ein deutlich höheres Risiko

Wie wichtig dabei ein rechtzeitiges Gegensteuern durch entsprechende vorbeugende oder Verhinderungsmaßnahmen ist, belegt die dänische Allergie-Ärztin Dr. Eva Weeke, wenn sie berichtet: „Wie epidemiologische Untersuchungen zeigen, können in etwa 10 Prozent der Fälle allergischer Rhinitis oder allergischen Asthmas geheilt werden. Der Hälfte der Patienten kann durch Linderung der Symptome geholfen werden, rund ein Drittel bleibt unverändert, bei 10 Prozent wurde sogar eine Verschlechterung

Etwa 10% können geheilt werden

der Krankheit festgestellt. Daher sollte eine Behandlung schon einsetzen, wenn noch gar keine Symptome erkennbar sind. Dazu könnten Medikamente verwendet werden, die praktisch keine Nebenwirkungen zeigen."

Drei Faktoren sind entscheidend

Die Allergie-Ursachen

Entscheidend für die Entstehung einer atopischen Erkrankung sind drei Faktoren:

1. Die genetische Veranlagung. Also das „allergische Potential", das man von den Eltern in die Wiege gelegt bekommen hat.
2. Das Vorhandensein des Allergens (die Allergie auslösender Stoff) und die Intensität, mit der man diesem oder diesen Allergen(en) im ersten Lebensjahr ausgesetzt ist (war).
3. Umweltfaktoren wie Luftverschmutzung, Rauchen der Eltern, Ernährung und Wohnverhältnisse. Bei bestehender genetischer Veranlagung entwickelt sich eine Allergie um so eher,

- je früher und konzentrierter die Allergenexposition (für das Kind, das den allergiefördernden Stoffen bzw. Bedingungen ausgesetzt wird) ausfällt,

Entwicklung der Allergie

- je kürzer gestillt wird, das heißt, je früher auf Kuhmilch umgestellt wird, desto größer ist die Gefahr, daß sich schon im Säuglingsalter eine Allergie herausbildet;
- je früher Beikost eingeführt wird, also Nahrungsmittel angeboten werden, die beim Kleinkind eine Allergie auslösen können; dazu zählen in erster Linie Hühnereiweiß, Milcheiweiß, Fische und auch Nüsse;
- je feuchter und enger die Wohnverhältnisse sind – was die explosionsartige Vermehrung von gefährlichen Schimmelpilzen und Staubmilben fördert;
- je mehr Umweltschadstoffe auf das Neugeborene einwirken.

Wie dazu Kinderärztin und Allergie-Spezialistin Dr. Eva Weeke bemerkt, „schädigen solche Stoffe, die sowohl innerhalb der Wohnung in die Luft abgegeben werden als auch von außen in den Raum gelangen können, die feinen Flimmerhaaren der Wand des Atmungstraktes. Das ist besonders bei Kleinkindern der Fall.

Inhalationsallergene

Die Folgen davon sind, daß das Gewebe durchlässiger wird für eingeatmete Allergieauslöser (Inhalationsallergene) und die Flimmerhaare nicht mehr ihre volle Tätigkeit ausüben können. Durch eine derartige Vorschädigung haben es dann andere Allergene leichter, in den Körper einzudringen. So zeigen wissenschaftliche Studien, daß die Pollenallergie in sehr stark industrialisierten Gegenden gegenüber ländlichen Gebieten viel häufiger auftritt und zum Teil auch schwerere Folgen hat."

Familiär bedingtes Risiko

Da Babys aus Allergikerfamilien von Haus aus ein höheres Risiko zu tragen haben, sollten in diesen Fällen vorbeugende Maßnahmen zur Minimierung der Allergiegefahr gesetzt werden.

Der Kinderarzt Professor Hadorn zählt folgende Punkte auf:

- Schaffen Sie eine rauchfreie Umgebung.
- Felltragende Haustiere sollten nicht in den gleichen vier Wänden untergebracht sein, die das Baby mit seinen Eltern bewohnt.
- Materialien, die Staub ansammeln können (Textilüberzüge, Vorhänge usw.) vermeiden. Besser abwaschbares Material einsetzen.

Minimierung der Allergiegefahr

Bei Kleinkindern kann es je nach Lebensalter zu unterschiedlichen allergischen Erscheinungen kommen.

Kindesalter 0 bis 1 Jahr: Das Neugeborene ist im allgemeinen gesund und zeigt ganz selten allergische Symptome. Die ersten Probleme aber kann es geben, wenn Kuhmilch an Stelle von Muttermilch gegeben wird. Aber die Milch-Allergie-Symptome von Babys – Erbrechen, Durchfall und Koliken – können auch bei Fütterung mit Muttermilch auftreten, – wenn die Mutter zum Beispiel Kuhmilch trinkt.

Allergieauslösende Beikost

Risikobabys aber sollten, raten Kinderärzte und Allergologen, in den ersten 4 bis 6 Monaten ausschließlich gestillt werden oder Beikost erhalten, die erwiesenermaßen nur äußerst gering allergieauslösend ist. Prof. Hadorn: „Mit Beikost sollte man erst nach dem 4. Monat beginnen und dabei folgendes beachten: Starke Allergene wie Kuhmilch, Ei, Fisch, Soja, Nüsse und Zitrusfrüchte sollten im ersten Jahr nicht auf dem Ernährungsplan stehen. Die Beikost sollte stufenweise eingeführt werden – beginnend mit allergenarmen Gemüse wie z. B. Karotten. Pro Woche sollte nur ein zusätzliches Lebensmittel in den Ernährungsplan aufgenommen werden."

Auch sollte die Mutter nicht nur den Milchgenuß meiden, sondern auch auf den Konsum von Milchprodukten und Eiern sowie anderen „Allergie-Bomben" verzichten.

Milchersatz aus Kasein

Ersatzprodukte sind nicht immer geeignet

Doch Achtung: Viele der Kuhmilch-Ersatzprodukte, stellten schwedische Allergieexperten fest, werden aus Kasein hergestellt oder aus Proteinen. Den meisten Kleinkindern macht das nichts aus, jedoch an die 30 Prozent reagieren auf die Proteine allergisch. Darüber hinaus, so die schwedischen Kinderärzte, die die Kuhmilch-Ersatzstoffe genau studiert haben, sollten alle Kinder, die mit kalziumfreien Milch-Substituten gefüttert werden, zusätzlich Kalzium erhalten.

Kinder, in deren Familien Allergien „eine Tradition" sind, sollten während der ersten sechs Monate ihres Lebens keine feste Nahrung und auch keine Fruchtsäfte erhalten. Danach, empfehlen die Spezialisten, könnten andere Lebensmittel eingesetzt werden. Dabei sollte mit Reis begonnen werden. Auch gegen Gerste- und Haferprodukte,

Fruchtsäfte, Obst und Gemüse, Lamm- und Rindfleisch ist prinzipiell nichts einzuwenden. Neu dem Baby verabreichte Nahrung sollte entsprechend vorsichtig eingeführt werden. Immer nur ein „Neuling", nie zwei oder drei auf einmal und Neues außerdem nur einmal pro Woche – will heißen: Eine Woche zumindest Abstand halten zwischen zwei Gaben.

Neuerungen vorsichtig anwenden

Jedoch ist es ratsam, bis zum 9. bzw. 12. Lebensmonat auf Eier, Huhn, Fisch und Weizenprodukte völlig zu verzichten.

Abgesehen von den allergischen Problemen im Verdauungstrakt können im ersten Lebensjahr auch Allergien im Hautbereich und im Atmungstrakt auftreten. So sind etwa Ekzeme zwischen dem 2. und 4. Lebensmonat durchaus keine Seltenheit. Erstes Anzeichen dafür ist ein stechender Ausschlag an den Wangen. Bei manchen Kindern finden sich auch diffuse rote Flecken über den Rumpf verteilt. Babys, die bereits an einem Ekzem leiden, sind überdies in Gefahr, andere Hautinfektionen zu bekommen.

Ekzeme keine Seltenheit

Windeln oft wechseln und gut waschen

Weit verbreitet ist beispielsweise die „Windeldermatitis". Dieser ekzematöse Ausschlag wird durch unzureichendes Wechseln und Waschen von Windeln und Windelhöschen gefördert. Dadurch bleiben im Gewebe Keime zurück, die die Haut besiedeln und dort für „Ausblühungen" sorgen. Außerdem können Waschmittelrückstände in den Windeln oder Windelhöschen, „die bei mangelndem Nachspülen recht erheblich sein können", wie Dermatologen betonen, ebenfalls für derartige Komplikationen sorgen.

Wie überdies Professor Dr. Gerd Klaus Steigleder betont, „gehen von der Windeldermatitis gelegentlich Streuherde über den ganzen Körper aus. Die Windeldermatitis ist oft durch eine Besiedlung mit Hefepilzen, Staphylokokken (Bakterien) und anderen Erregern gekennzeichnet."

Windeldermatitis

Was ist nun zu tun?
Erster und wichtigster Schritt: Trockenlegen der kranken Hautareale. Wichtig: Kein Luftabschluß durch Plastik oder Gummi. Gleichzeitig muß nach Anweisung des Arztes die Hautinfektion bekämpft werden.

Maßnahmen

Eine zu starke Austrocknung sollte allerdings vermieden werden. Professor Steigleder: „Es soll lediglich der normale Trockenheitsgrad der Haut wiederhergestellt werden."
Allergisch bedingte Kontaktekzeme sind übrigens bei Kindern gar nicht selten.

„Luft"-Probleme

Atemfunktionsprobleme können durch Tabakrauch und andere „in der Luft hängende" Stoffe verschlechtert werden. Aber auch Staub, Milben und haarige Haustiere sind durchaus in der Lage, die Lungenprobleme des Nachwuchses zu verschärfen. Um die Weiterentwicklung der Erkrankung, die Anfälligkeitsschwelle nicht zu erhöhen, gibt es praktisch nur einen Weg: Vermeiden aller Risikofaktoren und bei bekanntem Allergieauslöser diesen radikal entfernen.

„In der Luft hängende" Stoffe

Mit dem Ende des ersten Lebensjahres können allerdings Lebensmittelallergien die Asthmasymptome verdecken oder sogar erschweren.
Alter 1 bis 3 Jahre: In diesem Lebensabschnitt nehmen die allergischen Probleme neue Formen an, stellt ein internationales Allergologenteam fest, das ein „Handbuch der Allergien des Kindesalters" erarbeitet hat. Vor allem durch das weitere Spektrum an Nahrungsmitteln, die das Kind nun erhält, erschwert sich auch die Suche nach einem Allergen in der Nahrung. Doch ist es nicht ratsam, so die Experten, die Ernährung des Kleinkindes auf ein geringeres Spektrum an Angebotenem zu reduzieren, „da könnte die Gefahr einer Mangelernährung bestehen. Auch sollte die Umgebung des Kindes weiterhin Aufmerksam-

Ernährungsspektrum reduzieren

keit finden und Staubmilben sowie Tierhaare weiterhin ferngehalten werden."

Bei Beschwerden im Bereich des Verdauungstraktes ist das Krankheitsbild in diesem Abschnitt des Lebens, betonen die Spezialisten ausdrücklich, viel weniger dramatisch: „Eine Kuhmilchallergie tritt nach dem zweiten Lebensjahr kaum mehr auf. Doch Eiweiß, Soja, Weizen, Erdnüsse und Nüsse können durchaus Probleme machen. Zu nicht spezifischen Reaktionen kann es aber auch durch den Verzehr von Schokolade, Zitrusfrüchten oder Erdbeeren kommen."

Eiweißprobleme

Jetzt spielen auch die Inhalationsallergene eine zunehmend wichtige Rolle. Die meisten allergischen Kinder vertragen zwar eine geringe Allergenmenge, reagieren dann aber viel stärker, wenn es zu einer Erkrankung kommt. Jedenfalls sollte unbedingt rechtzeitig mit einer Behandlung begonnen werden, denn ein verschlepptes Asthma aus der Jugendzeit ist in fortgeschrittenem Stadium nur noch schwer wirklich effizient in den Griff zu bekommen.

Alter 3 bis 7 Jahre: Rund 80 Prozent der asthmatischen Kinder entwickeln ihre Symptome noch vor dem 5. Lebensjahr. Übrigens leiden ebenfalls 80 Prozent der Kinder, die an einer Lebensmittelallergie litten, später an einer Inhalationsallergie.

Das psychische Leiden

Alter 7 bis 15: In diesem Lebensabschnitt kommt verstärkt auch die psychische Komponente zum Tragen. Die Erkenntnis Schulfreunden gegenüber, daß man „anders" ist, viele Dinge meiden muß, an einer Krankheit leidet. Rund ein Drittel der Nahrungsmittel-Allergiker verliert nun seine Überempfindlichkeit. Doch bei den anderen kann es vorkommen, daß neue Nahrungsmittel, wie etwa diverse Gemüsesorten, dazu kommen. In dieser Altersgruppe tritt übrigens die allergische Reaktion, die durchaus zu einem Schock führen kann, meist prompt ein.

Die Erkenntnis „anders" zu sein

Aus diesem Grund sollten auch die Lehrer und anderes Schulpersonal über die Krankheit des Kindes informiert werden. Sie sollten auch wissen, daß nicht nur Nahrungsmittel und Umweltschadstoffe oder Staub dem Kind Probleme bereiten können. Eine plötzliche Kaltluft-Exposition, eine Klimaveränderung und körperliche Belastung können ebenfalls zu einer Asthmaattacke führen.

Asthmaattacke

Außerdem reagieren die Atemwege nach einem Anfall häufig tage- oder wochenlang überempfindlich gegenüber einer Reihe zusätzlicher Substanzen, auf die sie vorher nicht angesprochen haben.

Asthma ist nicht nur die häufigste allergische Krankheit im Kindesalter (5 bis 8 Prozent sind davon betroffen). Außerdem sind sich nicht einmal Spezialisten über eine klare Beschreibung der Krankheit einig. Frau Dozent Dr. Irmgard Eichler von der Wiener Universitätskinderklinik lapidar: „Bis heute gibt es keine generell akzeptierte Definition von Asthma bronchiale."

Jedes zehnte Kind ist betroffen

Ausschließlich allergisch bedingtes Asthma tritt allerdings nur in 15 Prozent der Fälle auf. In Österreich ist beispielsweise jedes zehnte Kind davon betroffen. Buben sind es doppelt so häufig wie Mädchen. Dieser Unterschied verschwindet aber während des Heranwachsens zusehends.

Buben doppelt so häufig wie Mädchen

Asthma kann praktisch in jedem Alter auftreten, ist also keineswegs an die Kindheit gebunden. Jedoch sprechen Experten davon, daß Asthma bei Kindern und Erwachsenen die häufigste chronische Erkrankung in den Industrieländern ist.

Eine Allergie vermeiden ist, wo die Möglichkeit besteht, immer noch sinnvoller, als diese im folgenden durch eine langwierige und nicht immer wirklich erfolgversprechende Behandlung in den Griff bekommen zu wollen. Daher sollten sich Eltern unbedingt an jene Empfehlungen halten, die namhafte Experten zur Allergieprävention für Atopie-Risikofamilien erarbeitet haben:

- Während der Schwangerschaft das Rauchen einstellen und Elimination von Innenraum allergenen.
- Auf der Entbindungsstation: Hilfe zum Stillen, kuhmilch-oder sojahaltige Säuglingsnahrung vermeiden.

Allergieprävention

- Zu Hause: Stillen wenn möglich 4 bis 6 Monate ohne Beikost, besonders allergene Beikost wie Eier oder Fisch erst nach dem Alter von 9 bis 12 Monaten. In der Wohnung von Atopie-Risikokindern sollte nicht geraucht werden, keine Pelztier ein den ersten 6 Monaten, Reduktion der Staubmilben etwa durch Meidung staubsammelnder Textilien, gründliches Staubsaugen.

Die WHO-Empfehlungen

Der wissenschaftliche Lebensmittelausschuß der EG gibt für das erste Lebensjahr überdies folgende Ernährungsempfehlungen:

Empfehlungen

- Bei bestehendem Risiko Baby möglichst nur mit Muttermilch ernähren. Diese Milch gibt dem Neugeborenen den besten Immunschutz, bis es – einige Wochen nach der Geburt – sein eigenes Schutzsystem aufgebaut hat. Allerdings können mit der Muttermilch auch Spuren von Lebensmitteallergenen mitgenommen werden. Besteht bei der Mutter ein sehr hohes familiär bedingtes Risiko für Allergien, sollten während der Ernährung des Kindes mit Muttermilchpotentielle Allergene (dazu zählen unter anderem Milch, Milchprodukte, Ei, Fisch, Nüsse, Zitrusfrüchte) gemieden werden.
- Keine Beikost in den ersten 4 bis 6 Lebensmonaten. Beikost sollte frühestens zu Ende des 5., spätestens zu Beginn des 7. Lebensmonats gegeben werden. Früheres „Zufüttern“ erhöht das Allergierisiko, das mit der Anzahl der gefütterten Lebensmittel steigt, auch wenn diese keine starke allergieauslösende Wirkung besitzen.

Wenn Sie als Atopiker(in) von Ihrem Kind möglichst viele Belastungen fernhalten möchten, bitte beachten Sie außerdem: Bereits das Einatmen von Fisch dünsten kann bei Empfindlichkeit eine Allergie verursachen. Oder: Pfirsiche sind durch ihre Härchen an der Schale nicht selten mit einer Vielzahl von Pollen bestückt, die nach dem Auspacken zu Hause durch die Luft fliegen und die Atemwege des Kindes belasten können.

Gefahr durch Nahrungsmittel

Milcheiweißallergie

Nahrungsmittelallergien finden sich übrigens bei einem Drittel der Kinder, die auch unter einem Ekzem leiden. Die wichtigste Nahrungsmittelallergie von Säuglingen ist mit 1 bis 2 Prozent die Milcheiweißallergie. Außerdem scheint der Zeitpunkt, zu dem das Kind mit dem Allergen erstmals in Kontakt kommt, von entscheidender Bedeutung zu sein. So führt Hühnereiweiß, im 1. Lebensjahr gegeben, häufiger zu einer Allergie, als wenn die Gabe später erfolgt. Professor Karl Heinz Nießen schreibt in seinem Lehrbuch der Kinderheilkunde: „Besonders stark sensibilisierend scheint Kuhmlich zu wirken, wenn sie Neugeborenen, die eigentlich gestillt werden, ein- oder zweimal gegeben wird. Solche Kinder können, selbst wenn sie 6 Monate lang voll gestillt werden, beim ersten Kontakt mit Kuhmilch heftige Reaktionen aufweisen."

Risiko wird geringer

Hochrisikokinder

Mit dem 2. Lebensjahr und der damit verbundenen Reifung der Verdauungsfunktion und des körpereigenen Immunsystems nimmt das Risiko zwar allmählich ab, ist aber immer noch höher als im Erwachsenenalter. Daher sollte bei Hochrisikokindern erst nach dem 12. Monat auf herkömmliche Säuglingsmilchnahrung umgestellt werden. Dabei darf aber auch nicht vergessen werden: Eine Nahrungsmittelallergie kann sich, was gar nicht so selten der Fall ist, gegen Zusatzstoffe in Nahrung wie Farbstoffe und Konservierungsmittel richten, aber auch gegen Substanzen, die in versteckter Form aufgenommen werden. Sellerie wird beispielsweise häufig als„Verbesserer" des Geschmacks in Fertigsoßen oder Suppen-Brühwürfeln eingesetzt. Gleichermaßen „reizend" kann sich Milcheiweiß auswirken, das in Schokolade, Fertigmarmeladen, vielen Margarinearten und einigen weiteren Fertignahrungsmitteln „verborgen" ist. Hühnereiweiß findet sich ebenfalls in anderen Zubereitungen, an die man überhaupt nicht denken würde. Etwa in Soßen, Senf, Kuchen. Sojaschrot wird beispielsweise zur „Streckung" von Fleischwaren verwendet,oder als Geschmacksverbesserer bei einer breiten Palette von Lebensmitteln.

Substanzen in versteckter Form

Im übrigen sollte man wissen: Jedes Nahrungsmittel, das aus der „Speiseliste" gestrichen wird, sollte durch ein anderes ersetzt werden, um einen damit eventuell verbundenen Mangel zu ersetzen. So kann etwa ein Verzicht auf Milch zu einem Kalziummangel führen.

Einige Allergien verschwinden von selbst

Eine Überempfindlichkeit des Kleinkindes gegen Milch- oder Hühnereiweiß, die in den ersten Lebensjahren auftritt, verliert sich später jedoch wie auch noch einige andere Lebensmittelallergien. Allergien gegen Nüsse und Fisch bleiben hingegen lebenslang bestehen.

Allergie-Vorbeugung

Allergie-Vorbeugung bedeutet nicht nur sorgfältige Auswahl von Nahrungsmitteln. Sie besteht auch darin, sogenannte Inhalationsallergene (eingeatmete Schadstoffe) vom Kleinkind fernzuhalten. Was besonders auf Tabakrauch zutrifft. Wissenschaftler haben nämlich festgestellt: Bei Neugeborenen von Raucherinnen wurde im Vergleich zu Neugeborenen von Nichtraucherinnen ein dreimal so hoher Wert an speziellen Immunglobulinen im Nabelschnurblut innerhalb der ersten 18 Monate gefunden.

Risiko bei „Raucherinnen-Kindern"

Darüber hinaus war das Risiko bei den „Raucherinnen-Kindern", bis zum 18. Monat an einer Allergie zu erkranken, um das Vierfache höher.

Luftschadstoffe haben, das ist nachgewiesen, eine starke „Schrittmacherfunktion" in Hinsicht auf die Ausbildung einer allergischen Reaktion, einer Behinderung der Atemwege, die bis zu einem voll entwickelten Asthma führen kann.

Worauf bin ich allergisch?

Auslöser der Allergie

Tiere, ja sogar Tierfutter, Haare, Lebensmittel, Medikamente, Pflanzen, Blütenstaub, Insektenstiche, Metalle, Hölzer, Mineralien, Farben, Umweltchemikalien, Inhaltsstoffe von chemischen Substanzen – die Liste der bei empfindlichen Menschen Allergie auslösenden Stoffe ließe sich beliebig verlängern.

Um dem Auslöser der Allergie auf die Spur zu kommen, muß man sich allerdings dem Arzt anvertrauen, der auf Grund verschiedenster Tests herausfinden kann, was die Ursache einer Allergie ist.

Außerdem sind ganz allgemein Allergien auf dem Vormarsch. Es gibt praktisch keinen Dermatologen-(Hautärzte-)Kongreß, auf dem nicht über ein Ansteigen der Allergien und der Zahl der Betroffenen berichtet wird.

In letzter Zeit machen auch Duftstoffe in Shampoos, Seifen und Parfums Allergikern zu schaffen. Das wurde auf dem 38. Kongreß der Deutschen Dermatologischen Gesellschaft berichtet. Die Zusätze zu diesen Produkten moderner Hygiene verursachen, so die Experten, mehr Asthma und allergische Probleme als Braunkohlenkraftwerke, die als besonders lungen- und hautschädigend bekannt geworden sind.

Ganz unterschiedliche Auslöser

Eine Allergie kann ganz plötzlich auftreten – eine Überempfindlichkeitsreaktion auf einen ganz bestimmten Stoff, an den man sich kaum mehr erinnert, kann daran schuld sein. Das kann etwa eine exotische Frucht gewesen sein, die es als Zutat in einem Restaurant gegeben hat und auf die man kaum achtete. In manchen Fällen reichen bereits wenige Duftstoffmoleküle in der Luft, um das körpereigene Abwehrsystem zu Alarmreaktionen zu veranlassen.

Für einen Laien ist es zweifellos nicht leicht, auftretende Symptome eindeutig einer Allergie zuzuordnen, weil nämlich ganz unterschiedliche Ursachen die gleiche Wirkungsweise zeigen können. Kopfschmerzen, Atemnot, rote Augen, Bauchdrücken und Durchfälle müssen keineswegs Zeichen einer einsetzenden Allergie sein – können es aber sein. Niesen, Husten, „Augenrinnen" können durchaus natürliche Reaktionen auf ein Umweltgeschehen sein, auf eine Abwehrreaktion des Organismus, die auf eine plötzlich auftretende Situation erfolgt. Dabei muß es sich jedoch keineswegs um eine allergische Reaktion handeln.

Kein Grund zur Sorge

Wenn das alles rasch wieder vergeht, besteht kein Grund zur Sorge. Bleibt die Reaktion aber anhaltend, könnte es sich durchaus um eine Allergie handeln. Dann allerdings ist ein Arztbesuch sehr anzuraten.

Abwehrreaktionen

Den Symptomen der Allergie liegen bereits eine Handvoll von Abwehrreaktionen des Körpers zugrunde. Dieser antwortet nämlich auf Fremdstoffe, die in ihn eindringen wollen, mit

Allergiesymptome

- einer Erweiterung kleiner Blutgefäße,
- Verkrampfung (Zusammenziehen) von Muskeln,
- vermehrter Sekret-(Schleim-)Absonderung.

Diese Verhaltensweisen des Körpers bewirken:

- Schnupfen, Niesen, vermehrte Absonderung von Nasenschleim,
- Nasennebenhöhlenentzündung, verstopfte Nase, erschwerte Atmung durch Behinderung des „Luftweges".

Sie können aber genauso unter Migräne leiden, unter Kopfschmerzen, Augenjucken, wenn eine allergische Reaktion Ihres Körpers erfolgt. Weitere Symptome (besonders bei sogenannten Inhalationsallergenen) sind: pfeifender Atem, hartnäckiger Husten, ein Engegefühl im Brustkorb.

Allergien äußern sich sehr oft und im wahrsten Sinne des Wortes „anschaulich" an der Haut. Es kommt zu Ausschlägen, roten Flecken oder Streifen, starkem Juckreiz, trok-

kener, schuppiger Haut oder Bläschenbildung. Ist die allergische Reaktion stark, bilden sich Quaddeln oder ein Nesselausschlag.
Ein Anschwellen der Zunge und der Schleimhäute im Mund-, Halsbereich und der Atemwege sowie plötzlicher Blutdruckabfall können gleichermaßen auftreten. Weitere mögliche Symptome sind: Übelkeit, Erbrechen, Bauchkrämpfe, Durchfall.
Durch die „Vollbeschäftigung" des Immunsystems, das die in den Körper eindringenden Allergene niederringen möchte, haben andere Keime die große Gelegenheit, endlich zum Zug zu kommen. Daher können sich eine Reihe von Folgeerscheinungen und -erkrankungen breit machen, die sonst keine Chance hätten. Daher können als Begleiterscheinungen allergischer Reaktionen auch Gelenksschmerzen, Mittelohrentzündungen und entzündliche Schleimhautschwellungen auftreten.

Folgeerscheinungen machen sich breit

Wenn das Abwehrsystem durchdreht

Die schlimmste, aber gottlob auch seltenste Form einer allergischen Sofortreaktion ist der anaphylaktische Schock. Man könnte sagen, dabei dreht das Abwehrsystem durch, der Kreislauf gerät außer Rand und Band und schließlich wirft das Herz das Handtuch. Diese Schockreaktion kann zum Beispiel nach dem Genuß eines „unverträglichen" Lebensmittels auftreten oder nach dem Einnehmen eines Medikaments. Aber auch Insektenstiche können mit einem anaphylaktischen Schock letal enden.

Der anaphylaktische Schock

Jedenfalls hilft am Anfang bei der Suche schon ein einfaches Nachfragen weiter. Zum Beispiel: „Haben Sie in Ihrer Familie Allergiker?" Oder: „Zeigten sich zum Beispiel folgende Symptome: Ausschlag, Schnupfen, häufiges Niesen, Atemnot, Ekzeme in unregelmäßigen Abständen?"
Bei einer Nahrungsmittelallergie können unter anderem folgende Symptome auftreten: Kopfschmerzen, Schwindelgefühl, Angstzustände, Atembeschwerden, Hautaus-

schlag, Verdauungsstörungen, Erbrechen, Durchfall, Verstopfung, Blähungen, aber auch Gelenks- oder Muskelschmerzen. Eine Nahrungsmittelallergie kann sich also am ganzen Körper – innen gleich wie außen – unangenehm bemerkbar machen, indem sie Reaktionen genauso im Magen-Darm-Trakt wie am Atmungstrakt und an der Haut hervorrufen kann. Letztere können sich beispielsweise in einem Ekzem oder einer Nesselsucht äußern. So hat etwa eine Untersuchung von Asthmapatienten ergeben, daß mehr als ein Viertel von ihnen die Atembeschwerden einem (oder mehreren) Lebensmittel(n) zu verdanken hat, das (die) bei ihnen allergische Reaktionen auslöste(n).

Asthma durch Nahrungsmittelallergie

Allergensuche durch Weglassen

Auf welchen Bestandteil der Nahrung Ihr Körper so ungewöhnlich heftig reagiert, können Sie nur feststellen, indem Sie entweder ein „Mahlzeiten-Tagebuch" führen und darin penibel aufzeichnen, was auf den Teller kommt, um dann durch Weglassen der einzelnen Komponenten der Mahlzeit herauszufinden, was Sie nicht vertragen. Oder Sie erinnern sich genau an einen bestimmten Anlaß – etwa Geburtstag von Onkel Fred, wo Sie erstmals Avocados bekommen haben – und kurz darauf alle Anzeichen einer allergischen Reaktion. Das Weglassen einzelner Nahrungskomponenten wird Eliminationsdiät genannt.

„Mahlzeiten-Tagebuch"

Wobei es durchaus nicht nur eine spezielle Komponente aus der Nahrung sein muß. Mehrfachsensibilisierungen sind gar nicht so selten. Das hat folgenden Grund: Viele Nahrungsmittel sind – vor allem jene pflanzlichen Ursprungs, aber auch tierische – biologisch gesehen nahe miteinander verwandt und bilden daher auch ähnlich „reizende" Eiweißstoffe aus, auf die sensible Menschen entsprechend sensibel reagieren.

Mehrfachallergien sind nicht selten

Es kann aber auch zu sogenannten Kreuzreaktionen kommen. Das ist dann der Fall, wenn jemand sowohl auf den

Samen als auch den Pollen nahe verwandter Arten mit einer Allergie reagiert, was zum Beispiel auf Haselnuß und Birke zutrifft. Beschrieben wurden in der Fachliteratur etwa Kreuzreaktionen zwischen Birkenpollen-Empfindlichkeit und entsprechendes „Ansprechen" auf Äpfel, Tomaten, Karotten, Kirschen, Pfirsichen, Aprikosen, Kiwis und Kastanien, oder auch zwischen Wassermelonen, Gurken und Bananen. Beifußpollen können schließlich Kreuzreaktionen mit Sellerie oder Gewürzen hervorrufen.

Kreuzreaktionen

Allergielieferant Luft

Die Symptome einer Abwehrreaktion des Körpers gegen Chemikalien sind ganz ähnlich wie die bei Lebensmittel beschriebenen Allergieerscheinungen. In der Mehrzahl werden sie durch das Einatmen chemischer Stoffe hervorgerufen.

Darunter fallen auch unter anderem Duftstoffe, Öle, Harze. Es kann also durchaus sein, daß Sie eine Aromatherapie „ganz krank" macht. Aber auch duftende Badezusätze können das gleiche bewirken.

Ätherische Öle, die etwa Massageölen zugegeben werden, können Inhaltsstoffe (nämlich Öle) von Lavendel, Eukalyptus, Rosmarin, Zitrusfrüchten, Minze, Bergamotte, Zimt, Sandelholz oder Vanille enthalten und damit ebenfalls den ganzen kompliziert ablaufenden Allergiemechanismus in Bewegung setzen.

Ätherische Öle können Allergie hervorgerufen

Wer sich gerne selbst solche Düfte ins Haus holen oder eine Bach-Blütentherapie absolvieren bzw. Blüten in einer Duftschale in den Raum stellen will, sollte wissen, daß bereits durch den ersten Hautkontakt mit diversen Pflanzen allergische Probleme auftreten können.

Von den einigen hunderttausend in Umlauf befindlichen chemischen Stoffen bewirken bekanntermaßen nur wenige hundert allergische Reaktionen. Aber genau diese zu finden, die „krank machen", ist eine Kleinarbeit, die vom Spezialisten genau soviel Geduld und Zeit erfordert wie vom Patienten. Auf diesem „Pirschgang ins Reich der Allergene" wird daher einiges gefordert. Einerseits ist es das scharfe ständige Beobachten der Reaktionen des eigenen Körpers, andererseits ein zum Teil zeitaufwendiges Ausfüllen von Listen.

Der Allergie-Fragebogen

Man kann sich beispielsweise eine Aufstellung darüber machen, wann die Beschwerden schlimmer werden. Diese Checkliste sollte nachfolgende Fragen enthalten:

Checkliste

- ❍ Geschieht das, wenn ich mich in meiner Freizeit als Heimwerker betätige?
- ❍ In verrauchten Räumen?
- ❍ In Räumen, die mit neuen Möbeln oder Textilien (dazu zählen auch zum Beispiel Sitzbankbezüge) ausgestattet sind?
- ❍ Nach Gebrauch von Reinigungsmitteln?
- ❍ Nach dem Gebrauch von Duftseife, Body-Lotion, Duschgel, Rasierwasser, Eau de Cologne, Parfum?
- ❍ Beim Hantieren (oder auch nur Einatmen von) mit Klebstoff, Kunststoffmaterialien, Büromaterial?
- ❍ In Boutiquen, Möbelgeschäften, Drogerien oder Apotheken?
- ❍ Geschieht das im Krankenhaus (Desinfektionsmittelgeruch) oder im Wartezimmer des Arztes?
- ❍ Beim Auftanken des Autos oder wenn ich mir Öl für meine Ölheizung besorge?
- ❍ Wenn ich neu gekaufte Zeitungen oder Illustrierte zur Hand nehme?
- ❍ Nur, wenn ich bestimmten Schmuck trage?
- ❍ Frisch gewaschene Kleidungsstücke (das Waschmittel mit seinen Chemiezusätzen kann dafür verantwortlich sein)?
- ❍ Wenn gewisse Kosmetika verwendet werden?
- ❍ Wenn ich mit ganz bestimmten Souvenirs aus dem letzten Urlaub in Kontakt komme?

Im Kapitel über Formen der Allergie können Sie dann mehr über Reaktionen auf chemische Stoffe und anorganische Materialien – wie etwa Schmuckmetalle – finden.

Allergietests

Testmethoden

Um herauszufinden, was wirklich die Ursache für eine Allergie ist, hilft oft nur Austesten durch den Facharzt. Dazu haben Mediziner verschiedene Testmethoden entwickelt. Für diese Testung werden die IgE, spezielle Immunglobuline, herangezogen. Denn nur ganz selten gibt es ein eindeutiges Bild einer Allergie. Meist besteht nur ein Verdacht.
Der erste Schritt besteht darin, nach dem Antigen zu fahnden. Nach der Substanz also, die die Allergie ausgelöst hat. Eine langwierige Arbeit, die detektivischen Spürsinn erfordert.
Ein weiteres Signal besteht in der Erhöhung der Zahl bestimmter weißer Blutkörperchen, der sogenannten eosinophilen Leukozyten im fließenden Blut. Diese lassen sich mit einem Farbstoff, der Eosin genannt wird, anfärben und damit „enttarnen". Normalerweise beträgt deren Zahl im Blut eines gesunden Menschen 4 Prozent. Steigt dieser Wert auf 20 Prozent oder mehr, ist das bereits ein starkes Indiz für das Vorliegen einer Allergie (muß es aber nicht sein, das kann auch andere Ursachen haben).
Sicherheit kann der Arzt aber erst durch den Nachweis der typischen Antikörper erlangen. Dazu gibt es eine Fülle von Methoden, die hier im einzelnen nicht aufgeführt werden, für den Arzt aber von Bedeutung sind, den die Allergie auslösenden Stoff zu finden.

Die „Expositionsprobe"

Einer der Wege dazu ist das als „Expositionsprobe" bezeichnete Verfahren. Dabei werden unter ärztlicher Überwachung „verdächtige" Allergene eingesetzt, wobei aber mit Vorsicht vorgegangen werden muß, denn es kann durchaus zu lebensbedrohenden Reaktionen kommen.
Ist der „Schuldige" entdeckt, besteht zum Beispiel Hilfe durch Impfung oder durch Medikamente. Unter anderem

sind das Antihistaminika. Der beste Schutz ist aber nach wie vor das Vermeiden des die Allergie auslösenden Stoffes. Allergiekarenz ist der Fachausdruck dafür. Doch in der Praxis gibt es da doch einige Fußangeln, die die „Karenz" erschweren bzw. überhaupt unmöglich machen.

Vermeiden des auslösenden Stoffes

Viele Menschen können ihren Urlaub sicherlich nicht gerade dann antreten, wenn in ihrem „Traumland" gerade die sie belastenden Pollen nicht fliegen. Familien wird es schwer fallen, ihr heißgeliebtes Haustier abzugeben, wenn sich ihr Kind als allergisch auf Tierhaare herausstellt. Einem Kind das Spielzeug, das ihm am meisten ans Herz gewachsen ist, einfach wegzunehmen und die darauf folgenden bitteren Tränen in Kauf zu nehmen – welche Eltern bleiben da hart?

Bei Kindern kann es sich außerdem durchaus um eine vorübergehende Empfindlichkeit handeln. So kann etwa ein Kind, das sich im Test als positiv reagierend (also allergisch) auf Tierhaare erwies, Jahre später ohne irgendwelche Irritationen mit einer Katze zusammenleben.

Die Provokationskammer

Welche Stoffe lösen in welcher Menge Allergien aus? Welche Medikamente wirken unter kontrollierten und möglichst naturnahen Bedingungen wie? Diesen Fragen sind Forscher der Wiener Universitätsklinik für Hals-, Nasen- und Ohrenkrankheiten nachgegangen. Um das natürliche Geschehen möglichst „lebensecht" nachstellen zu können, haben sie eine „Provokationskammer" gebaut. In diesem Raum, der am Wiener Allgemeinen Krankenhaus eingerichtet wurde, finden bis zu neun Personen Platz. Sie dienen als „Versuchskaninchen" und werden während ihres Aufenthalts in der Kammer ständig pollenhaltiger Luft ausgesetzt. Dabei kann die Anzahl und Art der Pollenkörner pro Kubikmeter Luft je nach Fragestellung verändert werden.

„Versuchskaninchen"

Durch Veränderung der Pollenkonzentration, der Luftfeuchtigkeit und der Temperatur kann nicht nur die Natur nachgeahmt werden, sondern auch für alle Teilnehmer an den Tests gleiche – also vergleichbare – Bedingungen. So zeigte sich beispielsweise bei einer Provokation mit 1000 Gräserpollen in einem Kubikmeter Luft, daß bereits 20 Minuten nach Versuchsbeginn eindeutige Heuschnupfensymptome auftraten. Wurden im Zuge solcher Untersuchungen Medikamente verabreicht, konnte nicht nur die Zeit bis zu deren Wirkungseintritt genau bestimmt, sondern auch die Wirkungsdauer dokumentiert werden.

Provokationsreaktion

Die Reaktion der Versuchspersonen auf eine derartige Provokation wird penibel gemessen. Durch eine Sonde in einem Nasenloch erfassen die Wissenschaftler zum Beispiel den Luftstrom, mit dem die Pollen eingesaugt werden. Gemessen wird aber auch der Widerstand bei Ein- und Ausatmen durch die Nase. Durch Wägen der Papiertaschentücher kann dann auch das Ausmaß der Nasensekretion bestimmt werden.

Was Sie vermeiden sollten

Nachfolgend finden Sie eine Liste von Verhaltensweisen, die Ihnen das Leben erleichtern können, wenn Sie auf einen der genannten Stoffe allergisch sind.

Pollenallergie (dazu siehe auch S. 144)

Gräser- und Blütenstaub

- Meiden Sie im Frühjahr speziell Haselsträucher, Erlen und Birken. Von diesen drei haben meist Birkenpollen die stärkste allergene Wirkung. Gehen Sie im Sommer nicht über Wiesen oder Getreidefelder (der größte Teil der Pflanzenpollen-Allergiker ist auf Gräser-Blütenstaub allergisch). Im Spätherbst sollten Sie aber auch bewachsenes Ödland meiden.
- In jenen Monaten, in denen Sie erfahrungsgemäß die stärksten Beschwerden haben, sollten Sie so wenig wie möglich ins Freie gehen, oder zumindest dafür lieber die Abendstunden wählen. Ausflüge oder Spazier-

gänge sollten Sie in den Vormittagsstunden gänzlich meiden. Das gilt im besonderen für sonnige, trockene, windige Tage.

- Wenn Sie auf Spaziergänge an der frischen Luft nicht verzichten möchten, wandern Sie möglichst in Laubwäldern, da diese Wälder den Blütenstaub weitgehend aus der Luft filtern.

Ferienaufenthalt am Meer oder im Gebirge

- Verbringen Sie Ihren Urlaub möglichst in einem Land, wo die Sie allergisch machenden Pollen gerade zu der Zeit, wo Sie hinfahren, nicht fliegen. Wählen Sie am besten das Meer oder Gebirgsregionen für den Ferienaufenthalt. Dort ist das Risiko für Sie wahrscheinlich am geringsten.
- Schlafen Sie bei geschlossenem Fenster. Zum „Luftschnappen" sind nur Öffnungszeiten zwischen 22 Uhr nachts und vier Uhr morgens anzuraten.
- Sport sollten Sie nur in geschlossenen Räumen, also Sporthallen, Hallenbädern usw. betreiben.
- Sind Sie Gartenbesitzer, mähen Sie den Rasen nicht gerade dann, wenn die meisten Pollen unterwegs sind und wenn Sie bekanntermaßen besonders unter dem „Anflug" zu leiden haben. Überlassen Sie diese Arbeit jemandem, dem die herumfliegenden Blütenstaubkörner nichts ausmachen. Und halten Sie sich auch nicht in der Nähe auf.
- Vermeiden Sie in den Monaten, in denen Ihre Nase besonders stark läuft und die Augen „übergehen", so gut es geht jeden Kontakt mit Staub und halten Sie sich auch von Haustieren fern.

Tierallergien

Die einzige Möglichkeit

- Es bleibt Ihnen keine andere Wahl: Entfernen Sie alle behaarten oder gefiederten Tiere aus Ihrem Lebensbereich. Zu den behaarten Tieren zählen selbstverständlich nicht nur Katzen und Hunde, sondern auch kleine Nagetiere wie Mäuse, Meerschweinchen oder Goldhamster. Sollten Sie zu Hause ein Aquarium haben – Vorsicht, es sind nicht wenige Fälle von Fischfutter-Allergie bekannt geworden.

- Entfernen Sie aus Ihrem Wohnbereich auch Tierfelle oder ausgestopfte Tiere.
- Ersetzen Sie Roßhaarmatratzen, Federkissen und Daunendecken durch Schaumstoff. Verwenden Sie nur einen glatten Kunststoffüberzug.
- Erzählen Sie Freunden und Arbeitskollegen von Ihrer Allergie. Tierhaare und entsprechende Allergene können nämlich auch durch Kleidungsstücke „übertragen" werden. Das gilt auch für Besuche. Hunde- oder Katzenfreunde können Ihnen durchaus schwere Beeinträchtigungen Ihrer Gesundheit in Ihren tierlosen Haushalt bringen. Freunde und Bekannte, die Haustiere zu Hause haben, sollten Sie nicht mehr besuchen.

Auch Kleidungsstücke „übertragen" Allergene

- Zirkus und Zoo sind für Sie ebenfalls tabu.

Schimmelpilz-Allergie

- Lüften Sie Ihre Wohnung immer gründlich.
- Vermeiden Sie hohe Luftfeuchtigkeit – also auch Luftbefeuchter.
- Fahnden Sie nach feuchten Stellen, wie sie etwa in Badezimmern oder auch hinter Kästen auftreten können und beseitigen Sie dieses Schlaraffenland für Schimmelpilze.
- Verschenken Sie Ihre Zimmerpflanzen. Die Erde im Blumentopf ist eine Schimmelpilz-Brutstätte. Pilzbefall läßt sich leicht als weißer Belag auf der Pflanzenerde erkennen.

Keine Zimmerpflanzen

- Küchenabfälle sollten möglichst rasch beseitigt und verderbliche Lebensmittel bald verzehrt werden. Lagern Sie Lebensmittel wie Obst, Gemüse, Beeren nur im Kühlschrank.
- Gartenabeit ist für Sie eine Risikoquelle. Lassen Sie am besten die Finger davon.

- Schimmelkäse-Sorten wie Camembert, Gorgonzola, Roquefort, Danablue und andere sollten Sie von Ihrer persönlichen Speisekarte streichen.

Hausstaubmilben-Allergie

- Ihr Schlafraum sollte trocken und frei von Schimmelpilz sein.

„Staubfänger" entfernen

- Mögliche „Staubfänger" vermeiden oder, wenn es geht, aus dem Schlafraum oder der Wohnung entfernen bzw. durch andere Materialien ersetzen. Das sind unter anderem Vorhänge, Bett- und Bettzeugbezüge, Teppiche, Sitzmöbel, Wandbehänge, Tapeten, Zierdecken usw. Besser ist es, abwaschbares, kunststoffbeschichtetes Material zu verwenden. Das gilt auch für die Schlafzimmermöbel.
- Alle Materialien tierischer oder pflanzlicher Herkunft (z. B. Wolle oder Jute) sind ebenfalls aus dem Schlafbereich zu entfernen.
- Reinigen Sie den Schlafraum täglich. Ein kräftiger Spezialstaubsauger schafft sehr rasch Milbenfreiheit. Vergessen Sie nicht, auch hinter Heizkörpern, Verkleidungen und Kaminen auf „Staubjagd" zu gehen. Klimaanlagen unbedingt mit einem Filter versehen und diesen öfters auswechseln.

Zur Reinigung feuchte Tücher verwenden

- Zur Reinigung können Sie feuchte Tücher verwenden. Aber auf Atemschutz sollten Sie dennoch nicht vergessen. Dabei sollte die Maske Mund und Nase bedecken.
- In Schränken und Schubladen des Schlafzimmers nur das unbedingt Notwendige lagern! Nicht unmittelbar Benötigtes woanders aufbewahren.
- Wichtig ist auch ein fugenloser Fußboden. Dieser läßt sich leicht reinigen und bietet Milben oder Schimmelpilzen keine „Wohnmöglichkeit".
- Wenn Sie nach Hause kommen und Ihre Kleider und Schuhe ausziehen, tun Sie es nicht in der Nähe des Schlafzimmers oder bei offener Schlafzimmertüre.

Die Muskel-Probe

Dr. John Diamond, seines Zeichens vielfach ausgezeichneter Psychiater und einer der Mitbegründer der Kinesiologie, hat auf Grund seiner jahrzehntelangen Erfahrung ein einfaches Testverfahren entwickelt, mit dessen Hilfe Sie, wie er es ausdrückt, „austesten können, worauf Sie allergisch sind". Lassen wir es Dr. Diamond mit seinen eigenen Worten erklären:

Testen Sie selbst, worauf Sie allergisch sind

„Bitten Sie einen Freund oder ein Mitglied Ihrer Familie, sich als Versuchsperson zur Verfügung zu stellen, und führen Sie folgenden Test durch:

1. Die Testperson steht aufrecht, der rechte Arm hängt entspannt an einer Seite herunter, der linke Arm wird mit gestrecktem Ellbogen parallel zum Boden gehalten.
2. Stellen Sie sich vor die Testperson und legen Sie Ihre linke Hand zur Stabilisierung auf die rechte Schulter der Testperson. Legen Sie die rechte Hand auf den ausgestreckten linken Arm, genau oberhalb des Handgelenks.
3. Sagen Sie der Testperson, daß Sie versuchen werden, den Arm herunterzudrücken, während sie mit voller Kraft Widerstand leisten soll.
4. Drücken Sie den Arm ziemlich rasch und fest, jedoch nicht ruckartig herunter. Es kommt darauf an, gerade so fest zu drücken, um das Sperren des Armes der Testperson feststellen zu können, nicht so stark, daß der Muskel ermüdet. Es kommt nicht darauf an, wer stärker ist, sondern ob der Muskel innerhalb der ersten 5 Zentimeter des Testradius das Schultergelenk gegen den Druck verschließen kann. Es ist dann etwa ähnlich einem Scharnier, das einrastet. Der Druck beim Testen darf nur zirka 3 Sekunden lang ausgeübt werden. Bei längerem Drücken wird jeder Muskel müde, und Sie bekommen ein falsches Testergebnis.

Konnte die Testperson dem Druck widerstehen? Fast immer ist das der Fall, der Arm bleibt ausgestreckt..."

Lebensmittel-Test

Soweit die Grundlage des Tests. Weiter schildert Dr. Diamond: „Bitten Sie einen Freund (den Testpartner), Proben aller Lebensmittel, die Sie zu sich nehmen, zu testen. „Junkfood" wird Ihren Muskel fast immer schwächen. Wenn Sie aber durch einen Bissen gesunder, „reiner" Nahrung geschwächt werden, können Sie davon ausgehen, daß Sie momentan gegen dieses Nahrungsmittel allergisch sind. Über 90 Prozent meiner Patienten testen bei Rindfleisch, Weizen und Milchprodukten schwach. (Der ausgestreckte Arm fällt – Anm. des Autors.)

Die Antwort des Körpers

Die Gesundheit ist das höchste Gut und Schutz der Gesundheit oberstes Gebot für die gesamte Natur. Daher sind auch alle Lebewesen mit einem Abwehrsystem gegen Krankheiten und Infektionskeime ausgestattet. Das gilt in gleicher Weise für den Regenwurm wie für die Fliege, für Fisch, Frosch, Katze, Hund und Mensch. Je höher entwickelt der Organismus ist, desto ausgeklügelter läuft diese Abwehr ab.

Das körpereigene Verteidigungssystem des Menschen ist, wen wundert es, ungemein kompliziert, fein aufeinander abgestimmt. Und außerdem ist dieses Immunsystem nicht selbständig, autonom, arbeitend. Denn es sind nicht nur die einzelnen Zellarten, die dabei das Sagen haben, sondern auch Nerven, Hormone und das Gehirn, also Gefühl und Wille.

Das Immunsystem ist nicht selbständig ...

Eine moderne Forschungsrichtung, die, von Amerika ausgehend, nun auch in Europa Fuß zu fassen beginnt, ist die sogenannte Neuro-Psycho-Immunologie. Dieser Begriff sagt aus: Bei dem Immungeschehen spielt auch die Psyche mit. Vielleicht spielt sie sogar eine bisher unterschätzte (und verkannte) Rolle. Wie dazu Dr. Kari Köster-Lösche meint, „können wir lernen, uns in dieses Kommunikationssystem Immunabwehr aktiv einzuschalten und so unserer Immunabwehr zu helfen, mit ihren Aufgaben leichter fertig zu werden".

... die Psyche spielt auch mit

Die entscheidenden „Kriegs"-Schauplätze

Blutzellen, das Knochenmark, die Thymusdrüse und das gesamte im Körper weit verzweigte Lymphsystem.

Wobei die Träger des Immunsystems weiße Blutzellen in der Blutflüssigkeit, der Dünndarmschleimhaut und der

Unterhaut sind, wo jeweils ganz bestimmte Immunzellen „leben", die an diesen exponierten Posten in direktem Kontakt zur Außenwelt stehen. Die Produktionsstätten einzelner Immunzellen liegen allerdings im Knochenmark und der Thymusdrüse. Die für das Immungeschehen ebenfalls essentiellen Antikörper werden im Lymphgewebe des Darmes vom Körper selbst hergestellt. Das „Finale furioso", die Vernichtung der Körperfeinde, findet im ganzen Organismus statt.

Ständiger Abwehrkampf

In unserem Körper findet jedenfalls – wie in den anderen Organismen auch – Tag für Tag rund um die Uhr ein ständiger Abwehrkampf statt. Millionen von Eindringlingen, die nichts im Körperinneren verloren haben, müssen in Schach gehalten und/oder unschädlich gemacht werden. Das beginnt schon damit, daß bereits an den Berührungsstellen zur Außenwelt, an der Haut und den Schleimhäuten der Nase und des Rachenraumes Fremdkörper versuchen, in uns zu gelangen. Diese werden zum Beispiel durch feine Flimmerhärchen an den (meist feuchten) Schleimhautoberflächen wieder ins Freie bugsiert.

Bei jedem Niesreiz kommen so unzählige Bakterien, die bis in die Nasenhöhle gelangt sind, mit einem kräftigen Sog, der sie mit voller Gewalt erfaßt, wieder in die Umwelt hinaus. Manche von ihnen bleiben überhaupt am Schleim hängen und segnen dort das Zeitliche ohne jemals weiter hinein gelangt zu sein. Wieder andere werden von chemischen Stoffen, die von der Schleimhaut abgesondert werden, „gelähmt" oder vernichtet.

Aktionen nach außen und innen

Die „Körperpolizei"

Dabei handelt sich aber um ein ganz grobschlächtiges System, das nur nach dem Motto handelt: Hinaus damit. Die „Körperpolizei" hat jedoch nicht nur die Aufgabe, „Feinde von der Außenwelt" schleunigst unschädlich zu machen oder zumindest aus dem Körper zu entfernen. Sie muß auch mit inneren „Ungereimtheiten" fertig werden, abgestorbene Zellen wegschaffen und sich mit Tumorzellen anlegen, die versuchen, sich an verschiedenen Organen festzusetzen. Dazu muß aber zwischen „fremd" und „eigen" unterschieden werden können. Das ist eine der ganz entscheidenden Aufgaben des Immunsystems, die einer bestimmten Zellenart, den sogenannten Lymphozyten, zufällt.

Abwehrfunktionen der Körperpolizei

Die Körperpolizei hat also Abwehrfunktionen in beide Richtungen wahrzunehmen – Richtung Außenwelt und Richtung Körperinneres.

Zuständig für die „inneren Angelegenheiten" ist somit das sehr effizient arbeitende und vielseitige eigene Immunsystem des jeweiligen Organismus. Solange es intakt ist, haben Eindringlinge, aber auch die vereinzelten Tumorzellen, keine Chance. Sie werden aufgefressen oder auf andere Weise vernichtet.

Das Immunsystem besteht, um seine umfangreichen Aufgaben zielführend und zielorientiert ausführen zu können, aus vielerlei spezialisierter Zellen mit entsprechend speziellen Aufgabenstellungen (davon wird noch ausführlicher die Rede sein). Bei der Abwehr von Körperfremdem wirken nicht nur die „Immunzellen" mit, es sind daran auch chemische Wirkstoffe beteiligt.

Alarmbereitschaft des Abwehrsystems

Ein Teil des Abwehrsystems befindet sich ständig in Alarmbereitschaft, ist „auf Abruf" zum Eingreifen bereit, ein anderer Teil wiederum wird erst aktiviert, wenn Not am Manne ist, wenn seine Einheiten „angefordert" werden.

Ein halbes Kilo Abwehrzellen

Insgesamt, so der Immunologe Prof. Dr. Helmut Stickl, „enthält das Immunsystem auf dem Höhepunkt seiner Entwicklung etwa im 14. bis 16. Lebensjahr 8×10^{12} dieser diversen Abwehrzellen und hat auf seinem Höhepunkt insgesamt ein Gewicht von einem halben Kilo". Außerdem wird diese Abwehrtruppe des Körpers in Teilen ständig erneuert. So kommt es täglich, wie Prof. Stickl berichtet, zum Abbau und zur Neubildung von 15 bis 30 Gramm

des Zellmaterials des Immunorgans, „was einer Zahl von 20 bis 50 Milliarden Immunozyten entspricht."
Im Laufe des Lebens nimmt aber sowohl das Gewicht als auch Zellzahl ab. Das heißt aber, daß einerseits weniger „Personal" für den im Laufe der Jahres keineswegs weniger werdenden Abwehrkampf zur Verfügung steht. Bei diesen wenigen „Polizisten" haben sich überdies auch Abnützungserscheinungen breit gemacht, die ihnen das rasche Ein- und Zugreifen erschweren. Nicht nur wer rastet, rostet, auch das Alter hinterläßt seine Spuren.

Abnützungserscheinungen

Damit ist aber auch klargestellt: Ein starkes Immunsystem ist der beste Garant für eine stabile Gesundheit. Denn die gleichen Abwehrzellen, die im Körperinneren am Werk sind, um uns vor ungebetenen Gästen zu bewahren oder diese unschädlich zu machen, schützen uns auch nach außen hin vor Infektionen. Da aber mit dem Alter die Kraft des Immunsystems etwas nachläßt, ist es ratsam, durch „Immuntraining" diese überlebenswichtige Kampftruppe auch in vorgerückten Jahren fit und voll einsatzfähig zu halten.

Immuntraining

Wo sich die „Einsatzzentralen" befinden

Bevor wir die Funktion des Immunsystems und seiner „Instanzen" näher ansehen, wollen wir uns darüber klar werden, in welchen Regionen des Körpers die „Einsatzzentralen" liegen, wo sich dieser Abwehrkampf abspielt, wo die einzelnen Zellen entstehen, und uns ausführlich mit dem beschäftigen, was eingangs nur angerissen wurde.

Das Immunsystem ist nicht an einer Stelle „stationiert"

„Stationiert" ist dieses System aber nicht an einer Stelle, sondern mit einem Netz von Stützpunkten über den ganzen Körper verteilt. Mediziner sprechen daher mit Recht von einem eigenen Immunorgan, wenn die Rede vom Immunsystem ist. Das Immunsystem umfaßt folgende Organe:
Die Mandeln, die Thymusdrüse, die Lymphbahnen bzw. Lymphknoten, Milz, Darm, Blinddarm und Knochenmark.

Die Geburtsstätte der Abwehrzellen

Am wichtigsten sind das lymphatische System und das Knochenmark, die Geburtsstätte der Abwehrzellen. Im Knochenmark werden nämlich die Vorstufen der Blutkörperchen und an der Immunabwehr beteiligter Zellen gebildet.

Ohne das lymphatische System könnte kein Mensch existieren. Seine wichtigen Aufgaben erfüllt es sozusagen im Stillen, unbemerkt und unbedankt. Es filtert nämlich krankheitserregende Organismen heraus, stellt weiße Blutkörperchen her und bildet auch noch Antikörper. Das lymphatische System ist außerdem noch verantwortlich für die Verteilung von Flüssigkeiten und Nährstoffen im ganzen Körper. So sorgt es beispielsweise dafür, daß überflüssig gewordene Flüssigkeit und auch Eiweißmoleküle, die nicht mehr benötigt werden, entsorgt werden, damit das Gewebe nicht durch Ablagerung dieser Stoffe anschwillt.

Die Lymphe

Die Lymphe, die darin zirkuliert, entsteht aus dem Blutplasma, ist jedoch klarer und wäßriger. Diese Flüssigkeit sickert durch die Wände der Kapillaren und erfüllt die Zwischenräume zwischen den Zellen. Diese Lymphkapillaren sind Einbahnen und am Ende offene Gefäße, die den gesamten Körper durchziehen. Sie sammeln die überflüssige Flüssigkeit und bringen sie zu zwei großen „Sammelgefäßen". Eines davon, der Hauptlymphstamm, verläuft die Wirbelsäule entlang und mündet links oberhalb des Herzens in eine großen Vene. Das andere „Sammelgefäß" wird rechter Lymphgang genannt und mündet in eine Vene rechts oberhalb des Herzens.

In diesen beiden Strängen fließt die Lymphe im Gegensatz zum Blut, ohne daß sie hochgepumpt wird. Sie wird nämlich durch den Druck „angetrieben", den die ständig nachdringende Flüssigkeit ausübt. Sie wird auch durch Blutgefäße und Muskeln, die sich in einem fort ausdehnen und wieder zusammenziehen, weiter transportiert. Und schließlich erzeugt die Atmung einen Unterdruck, der sowohl das Blut als auch die Lymphe aufwärts fließen läßt und die Lymphe in den Blutstrom zurückführt, aus dem sie gekommen ist.

Die Lymphbahn ist aber kein glattes durchgehendes Rohr. An ihr sitzen unregelmäßig verteilt eine Anzahl von „Knöpfen", die Lymphknoten. Es sind an die 100 dieser linsengroßen ovalen Knoten. Die meisten liegen verstreut im Körper. Aber an „neuralgischen Stellen" findet man sie gehäuft. Nämlich am Hals unter dem Unterkiefer, in den Achselhöhlen, sowie im Bereich der Leber, des Darmes und der Leisten. Sie fungieren als Filter und holen aus der Lymphe giftige Stoffe in gleicher Weise wie schädliche Mikroorganismen heraus und vernichten sie. Gemeinsam mit der Milz bilden sie Abwehrzellen, die dieses „Filtrat" vernichten.

Die Lymphknoten

An zentraler Stelle – die Milz

Das größte lymphatische Organ ist die Milz. Sie liegt auf der linken Körperseite direkt hinter dem Magen. Die Milz besteht aus einem schwammartigen Gewebe, das wie ein Schwamm Blut aufnehmen kann. Die Milz hat die gleiche Filterfunktion wie die kleinen Lymphknoten. Außerdem bildet sie spezielle Zellen aus, die Lymphozyten. Sie entfernt aber auch unbrauchbare chemische Verbindungen, verbraucht rote Blutkörperchen aus dem Blut, „zerlegt" sie und führt das Eisen, das sie im roten Blutfarbstoff Hämoglobin mit sich tragen, als wertvollen wiederverwertbaren „Rohstoff" an das Blut zurück, damit das Eisenmolekül abermals in das Hämoglobin eingebaut werden kann.

Die Filterfunktion der Milz

Unter normalen Umständen werden von den Lymphknoten, den zentralen Filterpunkten für die Lymphflüssigkeit, den Mandeln und der Milz täglich rund 35 Milliarden sogenannte T- und B-Lymphozyten gebildet. Bei Krankheit kann sich deren Zahl auf täglich 560 Milliarden erhöhen. Eine Steigerung um mehr als das 15fache also, wenn es heißt, energisch gegen „Feinde" vorzugehen, die Produktion von Abwehrzellen anzukurbeln.

Die Lymphozyten

Die Hauptaufgabe dieser Lymphozyten ist das Identifizieren von unerwünschten Gästen. Das geschieht, indem gewisse Oberflächenstrukturen der Zellen geprüft werden. Man nennt diese „Identitätskarten" in der Fachsprache Rezeptoren. Findet der Rezeptor Anerkennung, wird die Zelle, die eben an einem Lymphozyten vorbeikommen möchte, unbehelligt weitergelassen.

Identitätskarten

Die Lymphozyten sind eine Untergruppe der weißen Blutkörperchen. Da ein Teil von ihnen in der Thymusdrüse (aber auch in den an der Peripherie des Körpers gelegenen Lymphzonen) heranreift, werden sie nach ihrem „Reifeort" T-Lymphozyten genannt. Die aus dem Knochenmark stammenden T-Lymphozyten werden in der Thymusdrüse „großjährig" .

Die Thymusdrüse

In der Antike wurde dieses Organ als Sitz des Gemüts, der Seele betrachtet. Diese Drüse befindet sich unmittelbar hinter dem Brustbein und wird bei Tieren Bries genannt Sie ist bei einem Säugling noch sehr groß und beginnt sich, wenn das Kind 8 bis 10 Jahre alt ist, zurückzubilden. Nach der Pubertät verschwindet die Thymusdrüse allmählich, was dazu führte, daß ihre Bedeutung selbst in der Fachwelt lange Zeit stark unterschätzt wurde.

Nach ihrem Austreten aus der Thymusdrüse bauen die T-Lymphozyten, die vom Immunsystem als Killer-, Unterdrücker- und Helferzellen eingesetzt werden, in den Lymphknoten zentrale „Wachtposten" auf. Diese Tatsache macht sich zum Beispiel die – allerdings umstrittene – Thymustherapie zunutze, indem Extrakte aus tierischen Thymusdrüsen injiziert werden, um ein „müdes" Abwehrsystem wieder in Schwung zu bringen. Von Erfolgen dieser Therapieform wird auch bei allergischen Erkrankungen berichtet, doch gesichertes Wissen ist das keinesfalls.

Das Abwehrsystem in Schwung bringen

Eine sehr geheimnisvolle, aber wie es scheint, durchaus bedeutende Funktion für die Immunabwehr scheint ein Organ zu spielen, das es bei uns Menschen gar nicht gibt. Dabei handelt es sich um die sogenannte Bursa fabricii, ein bei Vögeln nachgewiesenes, dort ganz wichtiges lymphatisches Organ, das während der Eientwicklung gebildet, nach der sexuellen Reife aber wieder zurückgebildet wird. Dort werden, wie Forscher herausfanden, Vorläufer antikörperbildender Zellen produziert, weshalb man die-

se auch B(bursaabhängige)-Lymphozyten nennt. Beim Menschen und anderen Säugetieren wurde diese anatomische Eigenheit noch nicht gefunden.
Übrigens: Vögel, denen die Bursa fabricii entfernt wurde, konnten später keine Antikörper mehr bilden.
Es dürfte aber in ihrer Funktion der Bursa der Vögel ähnliches Gewebe im menschlichen Körper geben. Möglicherweise sind es Gewebeteile im Darm oder auch der Blinddarm, die diese Funktion beim Homo sapiens übernommen haben. Aber das ist, wie gesagt, nur Spekulation. Genaues weiß man darüber nicht.

Sie erkennen Fremdeiweiß

10 000 Antikörper-Moleküle in einer Sekunde

Die B-Lymphozyten sind eine ganz besondere Klasse der weißen Blutkörperchen. Sie produzieren Antikörper, die „Fremdlinge" sofort erkennen können und an sich binden. Pro Lymphozyt können, wenn eine intensive Reaktion vonnöten ist, bis zu 10 000 Antikörper-Moleküle in einer einzigen Sekunde gebildet werden. Diese Antikörper müssen jedoch bei einem erneuten Eindringversuch des gleichen „Fremdlings" erkannt und von vornherein abgewiesen werden. Auch, wenn sich das Ganze erst wieder Jahre später abspielt. Die „Archivare" der fremden Erkennungsmerkmale werden daher Gedächtniszellen genannt. Doch davon später mehr.
Das Neugeborene erhält in den ersten Tagen des Stillens durch die Muttermilch besonders große Mengen an Antikörpern zugeführt. Was einen erfolgreichen Schutz gegen Darminfektionen ausmacht. Muttermilch ist demnach praktisch durch nichts Gleichwertiges zu ersetzen.
In den Mandeln, wo ebenfalls Lymphozyten gebildet werden, ist also eine weitere Schutztruppe gegen Eindringlinge in den Körper in Bereitschaft. Daher sollten Mandeln auch nur dann chirurgisch entfernt werden, wenn es unbedingt nötig ist und sie selbst zum Krankheitsherd geworden sind.

Sie leben 500 Tage lang

Rund 70 Prozent aller Lymphozyten kommen in den lymphatischen Organen vor, 10 Prozent im Knochenmark, 10 bis 20 Prozent in anderen Geweben und 4 Prozent im Blut. Ihre Lebensdauer beträgt zwischen 7 und 500 Tagen.

Wo die B-Lymphozyten beim Menschen entstehen, weiß man, wie gesagt, nicht. Aber sie sind wichtig, weil sie die Vorläufer der für die Antikörperbildung notwendigen Plasma- und Gedächtniszellen bilden.

Sie verharren bis zum nächsten „Wiedersehen"

Diese Gedächtniszellen entstehen, wenn B-Lymphozyten mit einem Krankheitserreger oder Antigen in Kontakt kommen. Sie verharren bis zum nächsten „Wiedersehen" als „Erinnerungsträger". Sie verfügen, haben Wissenschaftler herausgefunden, über eine erstaunlich lange „Merk-Zeit", die sich über Jahrzehnte erstreckt. Damit sind sie den Ganglienzellen des Gehirns durchaus ebenbürtig.

Dieses „Lernen" beginnt bereits bei der Geburt. Von da an bleibt das Erlernte ein Leben lang erhalten.

Für die Erregerabwehr sind also eine ganze Reihe von unterschiedlichen Zellen ständig unterwegs. Dieser Kampf wird aber nicht nur auf Zellebene geführt. Es kommen auch chemische Waffen zum Einsatz. Etwa bestimmte Enzyme, die Mikroorganismen zerstören können. Diese kleinen Moleküle sitzen nicht nur an den Schleimhäuten, sie sorgen auch in der Tränenflüssigkeit für eine solide Abwehr, verstecken sich im Speichel, um auch dort ihr chemisches Potential im täglichen Abwehrkampf einzusetzen.

Gelingt es aber Mikroorganismen dennoch, diese Barriere zu umgehen und in den Magen zu gelangen, warten dort bereits zerstörende Säuren auf sie, um ihnen den Garaus zu machen.

Die Verteidigung des Körpers

Darüber hinaus lauern im Blut und an der Dünndarmschleimhaut die Lymphozyten „Gewehr bei Fuß", die unwillkommenen Gäste gebührend zu empfangen und unschädlich zu machen. Für die Verteidigung des Kör-

pers gegen Eindringlinge gibt es insgesamt fünf Untergruppen von Blutzellen. Je nachdem , wie stark sie beansprucht werden, leben sie unterschiedlich lang. Offensichtlich scheint auch da der Verschleiß „an der Substanz" zu zehren.
Ein einziger Blutstropfen enthält mehr als 250 Millionen Blutkörperchen.

Spezialisten sind unterwegs

Trotz ihrer enorm wichtigen Aufgaben sind die Leukozyten genannten weißen Blutzellen nur gering an Zahl. Während im Körper rund 25 Billionen roter Blutkörperchen kreisen, sind nur 37,5 Milliarden „weiße" unterwegs. Doch darunter gibt es eine Fülle an hochspezialisierten „Polizisten", die wir noch nicht im einzelnen vorgestellt haben:

Wichtige Aufpasser ...

- Die „neutrophilen Granulozyten" verschlingen Bakterien und Fremdkörper im unmittelbaren Bereich einer Verletzung. Gegen allergische Reaktionen richten sich die
- „eosinophilen Granulozyten". Sie entziehen körperfremden Stoffen Gifte.
- Die „basophilen Granulozyten" hingegen geben gerinnungshemmende Stoffe ab und haben außerdem die Aufgabe, Blutgefäße zu verengen oder zu erweitern, um den Heilungsvorgang zu unterstützen.
- Die bereits vorgestellten Lymphozyten bekämpfen eindringende Mikroben und versuchen Krebszellen unschädlich zu machen. Zuletzt sind da noch die

... die „Freßzellen"

- Freßzellen zu nennen, die alles, was sie „in die Finger bekommen", mit einem wahren Heißhunger verschlingen.

Sehen wir uns die „Freßzellen" näher an. Sie verfügen über klebrige Ausläufer und ziehen damit den Eindringling in ihr Inneres, wo er verdaut wird, sind sozusagen die Nahkampfspezialisten. Sie räumen mit allem gründ-

lich auf, was ihnen im Wege ist und „ihrem" Körper schaden könnte.
Freßzelle ist aber nicht gleich Freßzelle. Wissenschaftler haben zwei Arten davon identifiziert. Die einen sind groß und heißen daher Makrophagen. Man kann diesen Ausdruck – ein wenig frei – als „Vielfraß" übersetzen. Sie legen sich überall dort auf die Lauer, wo fremde Partikel durch Engstellen durch müssen, also keine Chance zum Ausweichen haben.

Zu klein zum Fressen

Die kleineren werden Granulozyten genannt. Man hat ihnen aber auch den sehr anschaulichen Namen „Eintagsfliegen des Immunsystems" gegeben. Ein Name, der allerdings ein wenig irreführend ist. Sie leben zwar sehr kurz – aber doch ein paar Tage und nicht nur 24 Stunden. Sie sind auf die Bakterienabwehr spezialisiert.

Eintagsfliegen des Immunsystems

Da sie zu klein sind, um einen Eindringling zu umhüllen und sich einzuverleiben, müssen sie zu einem Trick greifen, um an ihr Ziel zu kommen. Sie machen das, indem sie die in ihrem Inneren befindlichen Enzymkörnchen – sogenannte Granula, daher auch der Name Granulozyten – an die eigene Zellwand transportieren und von dort auf den Eindringling „abschießen". Durch die Wucht des Aufpralls wird der Fremdling regelrecht durchlöchert, rinnt aus und ist damit außer Gefecht gesetzt. Den Rest erledigen die nimmersatten Makrophagen.
Diese „Freßzellen" halten sich übrigens auch im Gewebe auf und lauern dort auf ihre Opfer. Sie sind aber auch in Milz, Leber und Knochenmark postiert.

Chemische „Kriegsführung"

Doch die besten und ausgeklügeltsten Schutzmaßnahmen sind nicht immer eine Garantie für die absolute Ausschaltung von Erregern. Wäre das der Fall, würden wir ja nie erkranken. Es gibt also immer noch ein paar Schlupflöcher, durch die Mikroorganismen, Bakterien oder Giftstoffe in den Körper gelangen und sich dort ausbreiten können. Doch auch für diesen Fall ist vorgesorgt. Der Organismus gibt sich nicht so leicht geschlagen. Er hat noch weitere Abwehrsysteme, wenn Haupt- und Nebenfronten zusammenbrechen sollten. Fremdstoffe, die der „Vernichtungsmaschinerie" durch die diversen Zellen des Immunsystems entgangen sind, setzen im Plasma der Körperzellen eine wahre Massenproduktion von Antikörpern (auch Immunglobuline genannt) und unspezifischen Abwehrstoffen in Gange. Sie sind für die täglich stattfindende Abwehrschlacht mindestens von gleicher Bedeutung wie ihre „Zell-Kollegen".

Noch weitere Abwehrsysteme

Wissenschaftler haben bereits eine Handvoll unterschiedlicher Typen dieser Immunglobuline gefunden, die im Rahmen der Immunabwehr unterschiedliche Rollen spielen. Immunglobuline vom Typ G zum Beispiel patrouillieren im Blut, von wo sie in das Augenkammerwasser gelangen, in die Rückenmarksflüssigkeit und in die Flüssigkeit des Bauchraumes. Sie schützen an diesen potentiellen „Schwachstellen" ihren Organismus vor Eindringlingen.

Immunglobuline A hingegen sind für den Schutz der Schleimhäute zuständig. Immunglobulin E mischt bei der Allergie kräftig mit.

Interferone und Immunglobuline

Interferone sind gegen Viren gerichtet. Die wichtigsten Antikörper-Moleküle sind jedoch die Immunglobuline, von denen man bisher rund ein halbes Dutzend kennt.

Die weiteren reinen „Chemiewaffen" des Immunsystems haben ebenfalls verschiedene Namen. Sie werden erst außerhalb der Zelle wirksam und sind außerordentlich leistungsfähig. Eine Gruppe davon wird Agglutinine – sie machen aus den Antigenen funktionsunfähige Klumpen – genannt, eine andere Lysine, das sind Substanzen, die die Haut von Bakterien auflösen.

Als Informationsvermittler sind zusätzlich noch Hormone (man nennt sie auch Botenstoffe) unterwegs. So schütten zum Beispiel die Lymphozyten Hormone aus, die durch den Blutstrom in die „Befehlszentrale des Körpers", das Gehirn, transportiert werden. Der Zweck: Auf diese Weise kann zum Beispiel bei einer bakteriellen Infektion eines Zehennagels im ganzen Organismus Alarm geschlagen und alle benötigten Abwehrspezialisten an der Stelle, wo sie dringend gebraucht werden, raschest zusammengezogen werden.

Entscheidend ist der Informationsfluß

Ein einigermaßen komplizierter vielschichtiger Ablauf also, in dem es entscheidend auf den Informationsfluß von einem Glied zum anderen ankommt.

Heuschnupfen als Beispiel

Soweit nur ein Streiflicht auf die noch viel komplexere Szenerie des Abwehrkampfes, der rund um die Uhr in unserem Körper stattfindet, die emsige Forscher in mühevoller Kleinarbeit aufgedeckt haben.

Pflanzenpollen an die Schleimhäute der Nase

Nehmen wir für das bisher Beschriebene zusammenfassend als anschauliches und praxisnahes Beispiel den Heuschnupfen. Dabei gelangen Pflanzenpollen – vielfach sind es die von Gräsern – an die Schleimhäute der Nase. Bereits an dieser Grenzfläche zum Körperinneren werden sie entweder mechanisch durch Flimmerhärchen entfernt oder als „Fremde" erkannt, die nicht zum eigenen Organismus gehören und damit erst gar nicht hineingelassen. Die Pollenkörner werden dann von Antigenen bildlich gesprochen „verhaftet". Dadurch entstehen sogenannte Immunkomplexe. Diese Eiweißverbindungen werden schließlich „aufgefressen", Soweit der ganz normale, alltägliche Vorgang, der sich bei jedem Menschen abspielt.

Eine vermehrten Antikörperbildung

Allergiker verfügen aber über eine über das Normale hinausgehende Empfindlichkeit. Das führt zu einer vermehrten Antikörperbildung und damit zu einer Steigerung der Immunkomplexe. Um die anfallende hohe Zahl dieser Gebilde verdauen zu können, muß die Verdauung gesteigert werden. An diesen Orten der verstärkten Aktivität treten Entzündungen auf.

Das ist jedoch ein Vorgang, der meist von selbst wieder zum Stillstand kommt. Sind die Faktoren, die eine Entzündung ausgelöst haben, beseitigt, klingt diese ohne besondere Umstände ab.
Gelingt es jedoch dem Körper nicht, mit der auslösenden Ursache aus eigener Kraft fertig zu werden, hört die Entzündung auf, ein sinnvoller Schutz des Organismus zu sein. Sie verändert sich in einen Vorgang, der schwere und vielfach nicht mehr gut zu machende (irreversible) Schäden am Körpergewebe verursacht.
Im Verlauf des Entzündungsprozesses findet etwa für jene Zellen, die bei der Blutgerinnung eine wichtige Rolle spielen, den Thrombozyten, eine „Arbeitsumverteilung" statt. Sobald eine Gefäßauskleidung (Endothel) beschädigt wurde, sorgen diese Thrombozyten dafür, daß die Durchlässigkeit der Gefäßwand vergrößert wird. Auf diese Weise können die kleinen Granulozyten recht rasch aus der Blutbahn in das Gewebe gelangen.

Die Entzündung ist Resultat der Kommunikation

Die Entzündung ist also das recht komplexe Endresultat einer Reihe von Kommunikationsvorgängen zwischen den einzelnen Zellarten, die durch sogenannte Mediatoren aktiviert werden. Diese Mediatoren haben, für den wissenschaftlichen Sprachgebrauch durchaus ungewöhnlich kurze und leicht einprägsame Namen erhalten. Zum Beispiel: Leukotriene, Lymphokine, Monokine.

Anhang

Hilfe, die Pollen fliegen wieder!

Zweifellos bedarf jeder Patient, der einer Inhalationsallergie zum Opfer gefallen ist, der Hilfe des allergologisch geschulten Facharztes.
Relativ einfach ist die Vermeidung des Allergenkontaktes, wenn es sich um Hausstaubmilben oder auch um Tierhaar-Allergene handelt, bei Pollen – das ist nichts anderes als Blütenstaub – wird die Sache zwar bestimmt nicht „haariger", aber dafür in vielen Fällen etwas aufwendiger.

Polleninhaltsstoffe sind Eiweißverbindungen

Obwohl die für die Allergie beim Menschen wichtigsten Polleninhaltsstoffe – es sind chemisch gesehen Eiweißverbindungen – zum Teil bis ins Detail bekannt sind, weiß man kaum etwas über ihre biologische Aufgabe. Es ist lediglich bekannt, daß manche Pflanzen für den Menschen harmlosere, andere hingegen aggressivere Pollen besitzen. „Eigenartig ist auch, daß fast ausschließlich die stammesgeschichtlich jungen Pflanzengruppen Allergien beim Menschen auslösen, ihnen den Atem nehmen, Tränen in die Augen treiben", schildert der Botaniker und Pollenallergiespezialist Univ. Prof. Dr. Siegfried Jäger von der Universitäts-HNO-Klinik Wien.
Pollen haben eine durchschnittliche Größe von nur einigen hundertstel Millimetern. Sie können vom Fachmann im Mikroskop meist zumindest einer Pflanzenfamilie oder einer Gattung zugeordnet werden, in einigen Fällen ist die Bestimmung bis zur Pflanzenart möglich. Pollen sind die in eine Hülle verpackten männlichen Keimzellen von Blütenpflanzen. Die meisten von ihnen sind rundlich und weisen Poren oder Spalten auf. Um das Überleben der Art zu sichern, werden Pollen gleich millionenfach ausgeschüttet. Bei der Hasel – um nur ein Beispiel zu nen-

nen – werden von einer einzigen Samenanlage rund 2,5 Millionen Pollenkörner produziert.

Nicht die Pollenkörner machen das Leben schwer

Allerdings sind es nicht die Pollenkörner, die Allergikern das Leben schwermachen, sondern biochemische Stoffe, die bei Kontakt mit Wasser oder mit den Schleimhäuten durch die Poren oder Spalten austreten. Diese Aktivierung der Allergene erfolgt innerhalb weniger Sekunden. Dabei setzt jede Pollenart eine größere Zahl von Allergenen frei.

Wichtig zu wissen: Manche Bionahrungsmittel aus Reformhäusern enthalten Pollen. Prof. Raab: „Auch im Ho-

Die sieben Gruppen von Allergiepflanzen

Wichtig für die Reiseplanung

Pollentyp/ Gruppe	Hauptverbreitung	Hauptblütezeit
1.Glaskraut	Mediterran (Mittelmeergebiet)	
2.Zypressenge	Mediterran, Japan	Feber - März
3.Birke und ihre Verwandten Erle, Hasel	Nord- und Mitteleuropa	
4.Gräser	ganze Nordhemisphäre	
5.Ölbaum	Mediterran	Mai - Juni
6.Beifuß	Schwerpunkt Osteuropa	Juni - August
7.Traubenkraut	N-Amerika, Osteuropa	August - Sept.

nig finden sich derartige Allergene." Dabei ist es gar nicht immer nötig, daß eine geballte Ladung von Blütenstaub über den Allergiker „herfällt", um die Symptome auszulösen. Wie Experte Prof. Raab berichtet, reichen für die Auslösung eines Heuschnupfens mitunter drei (!) Pollenkörner aus.

Drei Pollenkörner reichen aus.

Sieht man von seltenen Sonderfällen ab, so gibt es auf der nördlichen Halbkugel sieben wichtige Pollengruppen, die starke allergische Reize hervorrufen, betont Prof. Jäger.

Glaskraut

Im Mittelmeergebiet

Diese Pflanze ist im Mittelmeergebiet weit verbreitet. Sie ist ein Vertreter der Brennesselgewächse, der vor allem Mauerritzen besiedelt und findet sich daher in jenen mediterranen Gebieten besonders häufig, wo das Kalken der Mauern nicht üblich ist. Die Verbreitung reicht von Nordafrika bis nach Norditalien. Die Nähe der Pflanzen zu den menschlichen Behausungen bringt einen intensiven Kontakt mit den reichlich produzierten Pollen mit sich. Das milde Klima des mediterranen Raumes läßt die Blüte das ganze Jahr über andauern, wenngleich eine Spitzenbelastung im Frühjahr an den meisten Stellen deutlich wird.

Die Glaskrautpollen selbst sind im Mikroskop nicht von denen der Brennessel unterscheidbar. Bei uns gibt es eine verwandte Art des Glaskrautes, deren Pollen aber ebensowenig wie jene der Brennessel allergen sind.

Brennesselpollen führen in vielen mitteleuropäischen Stationen die Liste der häufigsten Pollen an, die mit „Pollenfallen" eingefangen werden. Und zwar mehrere hundert pro Kubikmeter Luft.

Zypressengewächse

Im Mittelmeergebiet

Die ersten Berichte über allergische Reaktionen auf diese Gruppe von Pollen kamen in den frühen 80er Jahren aus Japan. Seitdem setzen sich diese Berichte fort, im Mediterran (Mittelmeergebiet) spielen diese Pollen eine nicht unbedeutende Rolle. Als Allergieauslöser sind die japanische Zeder, aber auch die Zypressen und weitere Ziergehölze wie Thujen und Scheinzypressen bekannt. Deren Pollen sind aber kaum von Wacholder- oder auch Eibenpollen unterscheidbar.
Die Pollenzahlen sind stark lokal beeinflußt, je nach Standort der Meßstelle können mehrere tausend Pollen pro Kubikmeter Luft im Tagesmittel auftreten. Bei uns sind die Konzentrationen in der Regel höchstens einige hundert Pollenkörner im Tagesmittel. Wer jedoch eine Reise in Mittelmeerländer plant, sollte sich unbedingt vorher gründlich über „Flugzeiten" dieser Pollen informieren.

Birkengewächse

Mittel- und Nordeuropa

Sie sind vielfach verantwortlich für einen Frühsommerkatarrh. Je nach klimatischen Bedingungen können die Symptome schon ab Februar einsetzen und bis Mai/Juni anhalten.

Birke

Die Birke gehört zu den wichtigsten und am besten untersuchten allergenen Pflanzen in Mittel- und Nordeuropa. Die Blütezeit der Birke ist vom Wärmekonsum abhängig und findet dementsprechend in den wärmeren Gebieten von Ende März bis April, in Skandinavien jedoch erst von Mai bis in den Juni hinein statt. Die Pollenzahlen sind in der Regel recht hoch. Von Zeit zu Zeit scheint sich die Pollenproduktion in einen Zweijahresrhythmus einzupen-

deln. Waren es Mitte der 80er Jahre die geraden Jahre, in denen besonders viele Pollen auftraten, so sind zur Zeit die ungeraden Jahre jene mit den stärkeren Belastungen für Pollenallergiker.
Die Gründe für diese Periodizität sind unklar. Bemerkenswert sind auch Berichte, daß trotz höherer Pollenkonzentrationen in Nordskandinavien die Beschwerden der dortigen Bevölkerung nicht wesentlich stärker sind als bei uns. Untersuchungen dazu sind im Gange, es liegen aber noch keine konkreten Ergebnisse vor.

22% auf Blütenstaub der Birke sensibel

Immerhin reagieren rund 22 Prozent aller Pollenempfindlichen auf den Blütenstaub der Birke sensibel. Dabei reichen als Schwellenwert, um eine allergische Reaktion ablaufen zu lassen, bereits 67 Pollenkörner pro Kubikmeter Luft im Tagesdurchschnitt aus. In Pollenfallen eingefangen wurde aber auch schon Maximalwerte von mehr als 2500 Pollen je Kubikmeter Luft.
Möglicherweise enthalten die Pollen in den luftschadstoffarmen Verbreitungsgebieten weniger Allergene als in Gebieten, in denen die Pflanzen unter Streß stehen.
Sowohl bei einer vorliegenden Birken- als auch Hasel-, Erlen- oder Weidenpollenallergie kann es zu empfindlichen Kreuzreaktionen wie lokalen Schwellungen von Lippen und Zunge bei Kontakt mit Äpfeln kommen. Professor Raab: „Das trifft aber nur auf bestimmte Sorten wie Golden Delicious zu, aber auch auf Kiwis, Haselnüsse, rohe Karotten, und ziemlich selten kommt solch eine Kreuzreaktion auch bei Kontakt mit Pfirsich und Kirsche vor."

Erle und Hasel

Sowohl immunochemisch als auch botanisch nahe verwandt mit der Birke ist die Erle, ein Baum, den die Botaniker genauso wie die Hasel zu den Birkengewächsen zählen. Deren Pollen können mitunter bereits im Dezember in der Luft erscheinen, bei uns in der Regel aber etwa im Februar/März – je nach Witterung – auftreten. Birkenpollenallergiker reagieren aus diesem Grund sehr oft auch auf Erlenpollen. Hier beträgt der allergologische Schwellenwert 250 Pollen pro Kubikmeter Luft und Tag. Empfindlich sind darauf 18 Prozent der Pollenallergiker.

18% auf Blütenstaub der Erle sensibel

Ebenfalls nahestehend ist die Hasel, die etwa gleichzeitig mit der Erle blüht. Erlen gibt es übrigens auch in Gebirgswäldern der Tropen, beispielsweise auf den Philippinen.
Im Juni gibt es bei uns im Zentralalpenbereich eine weitere Blühperiode der Erle, die Birkenpollenallergikern zusetzen kann : Es ist die Blütezeit der Grünerle, die an wasserzügigen Stellen auf Silikatböden die Stelle der Latschenkiefern einnimmt. Weitere nahe Verwandte, denen allerdings allergologisch keine große Bedeutung zukommt, sind die Hainbuche und die Hopfenbuche.

Buche, Eiche, Edelkastanie

Etwas weiter entfernt ist die botanische und immunochemische Verwandtschaft mit den Buchengewächsen, wozu Buche, Eiche und Edelkastanie zählen. Bei entsprechend stark sensibilisierten Allergikern sind im Zuge ihrer Birkenpollenallergie Beschwerden auf diese Pollen nachweisbar. Die Eiche blüht bei uns von Ende April bis Mitte Mai, die Buche Anfang bis Mitte Mai und die Edelkastanie von Ende Juni bis Ende Juli.
Während bei uns 1000 bis 2000 Birkenpollen pro Kubikmeter Luft im Tagesmittel als Maximalwerte angesehen werden, sind in Finnland schon über 12000 im Tagesmittel gemessen worden. Nach Süden hin werden Birkenpollen immer seltener, in Südspanien und im südlichen Mediterrangebiet fehlen sie völlig.

Im Süden werden Birkenpollen immer seltener

Die Eiche erreicht zwar nur Spitzenwerte von 245 Pollen je Kubikmeter Luft, doch sind immerhin 20 Prozent der Pollinotiker darauf allergisch. Der Schwellenwert für den Ausbruch einer Allergie liegt bei der Eiche aber ziemlich hoch, nämlich fast gleich wie der aus Messungen und Pollenfallen ermittelte Maximalwert.

Gräser

Zusammen mit Getreidepollen sind sie für den häufig bei Allergikern auftretenden Frühsommerkatarrh verantwortlich. Die aggresivsten Getreidepollen sind die des Roggen.

80% auf Blütenstaub der Gräser sensibel

„Um die 80 Prozent oder mehr der Pollenallergiker sind in Mitteleuropa entweder ausschließlich oder auch auf Gräserpollen allergisch", erklärt Prof. Jäger. Dabei darf man getrost alle Gräser in einen Topf werfen. Es gibt keine Gräserpollenallergie, die nur gegen Lieschgras oder nur gegen Roggen gerichtet ist. Prof. Jäger: "Wildgräser und Kulturgräser dürfen aufgrund ihrer immunochemischen Zusammensetzung der Haupt- und Nebenallergene als derart ähnlich angesehen werden, daß eine Differenzierung aus allergologischer Sicht nicht notwendig erscheint. Die Pollen der einzelnen Wildgräser sind mikroskopisch praktisch nicht unterscheidbar, lediglich die Kulturgräser lassen sich aufgrund ihrer größeren Pollen von den Wildgräsern absondern."
Zu Saisonbeginn können schon 50 Pollen pro Kubikmeter Luft für die Auslösung einer Pollinose sorgen. Am Ende der Gräserblühsaison sind dazu bereits fünf Körner in der Lage. Wind kann die superleichten winzigen „Staubpartikel" bis zu 100 Kilometer und mehr verblasen, also an weit entfernten Orten bei Allergikern für ernsthafte Probleme mit dem „Anflug" sorgen.
Nach Norden und Süden hin nimmt in Europa die Bedeutung der Gräserpollen als Allergen wieder ab.

Wiesengräser

Hauptverantwortlich für Heuschnupfenattacken

Sie sind hauptverantwortlich für Heuschnupfenattacken. Am stärksten für die Heuschnupfenattacken verantwortlich sind die gängigen mittelhohen Wiesengräser (Glatthafer, Wiesenlieschgras, Knäuelgras, Wiesenschwingel u.a.), während die niedrigen Gräser und einige andere

verwandte Gräser, wie Schilf oder Hundszahngras weniger allergene Potenz aufweisen. Die Blütezeit ist in der Regel ab Mitte Mai bis August, wobei bei uns das Maximum meist Anfang Juni, gemeinsam mit der Roggenblüte, erreicht wird. Im Mittelmeergebiet beginnt die Blüte schon im März/April, in Skandinavien erst im Juni/Juli.
Bei entsprechender Freizeit gibt es somit Ausweichmöglichkeiten durch Ortsveränderungen.
In den Wiesengebieten gibt es deutliche Tagesgänge des Gräserpollengehaltes der Luft mit einem ausgeprägten Maximum am Vormittag und über Mittag, in den Stadtbereichen verflacht die Verteilungskurve, so daß ähnlich hohe Konzentrationen den ganzen Tag über anhalten. Die Mengen belaufen sich in unseren Breiten auf mehrere hundert Pollen pro Kubikmeter Luft im Tagesmittel, im Mediterran und in Skandinavien sind die Konzentrationen geringer.

Ölbaum, Ölbaumgewächse

Im Mittelmeergebiet

Im Mediterran spielen Pollen des Ölbaums (wächst bekanntlich in Europa nur dort) eine große Rolle für Pollenallergiker.
Die Blütezeit ist Mai/Juni. Aufgrund der botanischen Verwandtschaft gibt es bei sensibilisierten Personen auch Reaktionen auf die bei uns häufigen Eschenpollen (siehe unten). In die botanische Verwandtschaft gehören auch Forsythie, Flieder und Liguster, die jedoch von Insekten bestäubt werden und demnach kaum jemals Pollen an die Luft abgeben.
Die Konzentrationen in der Luft reichen von einigen -zig bis einigen hundert Pollen pro Kubikmeter im Tagesmittel, aus Südspanien sind aus den großen Olivenanbaugebieten um Cordoba Werte um die 2000 bekannt geworden.

Beifuß

Ost- und Mitteleuropa

Der Beifuß ist ein Vertreter der Korbblütler. Ursprünglich ein Element der südöstlichen Steppen, findet sich diese Pflanze bei uns an Wegrändern und weitgehend ungepflegten Flächen wie aufgelassenen Äckern, Industriearealen und entlang von Handelsrouten. Beifußpollen treten vor allem in Ost- und Mitteleuropa auf. Die Blütezeit richtet sich nach den Lichtverhältnissen und schreitet daher von Nord nach Süd fort. Sie beginnt in Südostskandinavien Anfang bis Mitte Juli, bei uns Ende Juli und in Südfrankreich Anfang bis Mitte August.

Die Saison ist meist kurz, sie dauert kaum länger als einen Monat. Die tageszeitliche Verteilung zeigt einen kurzen, prägnanten Gipfel am späten Vormittag. Danach sinken die Pollenkonzentrationen rasch wieder, so daß Personen mit einer Beifußpollenallergie bereits ab dem frühen Nachmittag fast ungefährdet ins Freie gehen können. Die mittleren Tageskonzentrationen liegen meist höchstens um 100 bis 200 Pollen pro Kubikmeter Luft. Es ist jedoch nachgewiesen, daß in Bodennähe diese Konzentrationen ein Vielfaches des auf Dachniveau gemessenen Wertes erreichen.

In Bodennähe höhere Konzentrationen

Der allergologische Schwellenwert liegt allerdings bei nur 40 Blütenstaubkörnern pro Kubikmeter Luft und Tag. 23 Prozent der Pollenallergiker reagieren empfindlich darauf.

Experimente in Turku (Finnland) haben gezeigt, daß durch Mähen der Beifußbestände die Pollenkonzentrationen in der Atemluft deutlich gesenkt werden können.

Diese Pflanze, die in den meisten Fällen für einen Spätsommerkatarrh verantwortlich ist, kann nach Genuß oder bloßem Kontakt von Sellerie und Kümmel zu einer Kreuzreaktion führen.

Traubenkraut

In Nordamerika,...

In Nordamerika nimmt das Traubenkraut aus allergologischer Sicht die Stelle ein, die bei uns die Gräserpollen innehaben. Dennoch ist Traubenkrautpollen noch aggressiver als unsere Gräserpollen. Wie ernst man diese Allergie beispielsweise in Kanada nimmt, ist aus dem folgenden Beispiel ersichtlich: Wer dabei ertappt wird, eine Traubenkrautpflanze im Garten zu haben, muß 50 Dollar Strafe, im Wiederholungsfall 500 Dollar, zahlen. Beim dritten Mal wird die Strafe auf 5000 Dollar erhöht. Die Pflanze wurde vermutlich nach 1945 aus Nordamerika in die „Alte Welt" eingeschleppt und faßte in Südosteuropa Fuß. Im Zuge der derzeitigen klimatischen Ereignisse weitet sich das Verbreitungsgebiet nach Westen hin aus. Eine zweite Region mit Traubenkraut befindet sich im französischen Rhônetal, mit Schwerpunkt um die Stadt Lyon.

... faßte in Südosteuropa Fuß ...

Das Traubenkraut ist ein verhältnismäßig niedriges Kraut, das an den Stengeln eine leichte Behaarung aufweist. Die Blütezeit ist Mitte August bis Ende September. Die Konzentrationen sind in Wien ähnlich wie die des Beifuß, doch ist die tageszeitliche Verteilung diesem gegenläufig. In den 80er Jahren gab es kaum Traubenkrautpollen um die Mittagszeit, dafür aber ein ausgeprägtes Maximum um Mitternacht. Das ist mit der Zeitverzögerung durch den Ferntransport der Pollen aus Ungarn erklärlich. Mittlerweile ist die Pollenquelle um sechs Stunden näher an Wien herangerückt, so daß die Maximalwerte am frühen Abend eintreten.

... und nun auch in Mitteleuropa

Traubenkrautpollen in nennenswerten Konzentrationen werden aus folgenden Regionen berichtet: Mittel- und Südfrankreich, Slowakei, Polen, Ost- und Südösterreich, Norditalien, Ungarn, Bulgarien und Nordgriechenland. Die höchsten bis jetzt bekannt gewordenen Tageswerte liegen bei über 2000 Pollen pro Kubikmeter Luft im Tagesmittel, gemessen in Szeged, Ungarn 1991 (Pollenspezialisten schätzen, daß die Reizschwelle bei weniger als 20 Pollen pro Kubikmeter Luft liegt).

Ein schwacher Trost: In der Regel ist eine mehrjährige Exposition nötig, ehe eine Pollenallergie voll zum Tragen kommt. Will heißen: Nach einigen beschwerdefreien Jahren kommt es dann plötzlich zum Ausbruch der Allergie.

Pollenkalender

Eine sinnvolle Sache

Pollenkalender, an sich eine gute und sinnvolle Sache, sind aber oft recht problematisch. Pollenkalender können also nur mehr oder minder statistische Mittelwerte präsentieren. Die aktuelle Situation weicht besonders im Frühling und Frühsommer regelmäßig beträchtlich von den Pollenkalendern ab, eben weil jedes Jahr seine Besonderheiten hinsichtlich der Niederschlags- und Temperaturentwicklung und daher auch bei der Pollenproduktion hat.

Polleninformationssysteme

In Österreich gibt es 30 Stationen

Wegen der großen regionalen und temporären Unterschiede – sowohl während derselben Saison wie auch von Jahr zu Jahr – werden aktuelle Pollenzahlen an zahlreichen Meßstellen erhoben. Allein in Österreich sind zur Zeit knapp 30 Stationen in Betrieb. Sie liefern die Basiswerte für Polleninformationssysteme, die auf regionalem und bundesweitem Niveau Auskunft über bevorstehende Pollenbelastungen geben. Eine gesamteuropäische Vorschau ist in Konstruktion.
Situationsberichte und Prognosen in Deutsch und Englisch geben auch Allergiefachleuten aus aller Herren Länder die Möglichkeit, ihre Patienten besser zu beraten, was mögliche Vorteile (oder auch Nachteile) einer Ortsveränderung betrifft.
Viel aktueller ist jedoch eine seit 1988 aufgebaute europäische Pollendatenbank, die Tag und Nacht automatische Updates und Abfragen erlaubt. Mittlerweile sind 21

europäische Staaten mit über 150 Meßstellen angeschlossen. Es stehen Informationen über die tägliche Pollenmenge von ca. 15000 Jahresgängen von verschiedenen Pollen aus den letzten 20 Jahren zur Verfügung.
Mit Hilfe dieser Datenbank wurden in den letzten Jahren wertvolle Erkenntnisse über die Dynamik (Verbreitung, Flugzeiten) der allergieauslösenden Pollen gewonnen.

Trends in Europa

Die Trends bei den Pollen zeigen grundsätzlich, daß die Gesamtpollenzahlen langfristig etwa auf gleichem Niveau bleiben oder ganz geringfügig steigen. Signifikante Trends sind dabei allerdings nicht nachweisbar.

Das Niveau bleib langfristig gleich

Aber in einigen wenigen Bereichen sind doch bestimmte Trends erkennbar: So beginnt die Birkenblüte in allen europäischen Klimabereichen seit 1986 immer früher im Jahr, im atlantischen und mediterranen Raum ist dieser Trend statistisch signifikant.
In Ungarn, der Slowakei, Teilen Polens, in Bulgarien, Rumänien, in den Ostprovinzen des ehemaligen Jugoslawien, den nördlichen Teilen Griechenlands, in Norditalien und in Ostösterreich gewinnt ein nach 1945 aus Nordamerika eingeschlepptes Allergen, das Traubenkraut, mehr und mehr Bedeutung für die Allergiker. Es handelt sich dabei um den Heuschnupfen-Pollen Nr. 1 in Amerika. Seine Aggressivität ist etwa viermal stärker als die der Gräserpollen. Vielfach werden die allergischen Reaktionen auf Traubenkrautpollen von Asthmaattacken begleitet.
Bedingt durch Urlaubsreisen in das Mediterrangebiet kommt es zu bisher nicht üblichen Sensibilisierungen vor allem gegen Pollen von Glaskraut und Ölbaum. Letztere sind mit unseren Eschenpollen eng verwandt und lösen in vielen Fällen unerkannte allergische Beschwerden auf Eschenpollen aus.
Eschenpollen treten in der Regel gemeinsam mit der ersten Welle der Birkenpollen auf. Das kann dazu führen,

daß die Beschwerden den allgemein als Allergen bekannten Birkenpollen zugeschrieben werden.

Neue Zuchtformen von Getreidearten

Ständig neue Zuchtformen von Getreidearten, vor allem Roggen, machen das Abschätzen der Aggressivität dieser Pollen recht schwierig. Ölsaaten wie Raps können regional zu allergischen Problemen führen, wie aus Schottland bekannt wurde.

Studien einer Gruppe von Pathologen und Biochemikern haben gezeigt, daß sowohl das Hauptallergen der Birke wie auch ein dem Streßhormon sehr ähnliches weiteres Eiweiß in Birkenpollen von gestreßten Bäumen (verkehrsreiche Lage) in viel größeren Mengen zu finden ist als in Pollen von Bäumen aus Gebieten mit reiner Luft.

Luftqualität spielt auch eine Rolle

Epidemiologische Untersuchungen in Deutschland lassen den Schluß zu, daß Kinder in Gebieten mit schlechter Luftqualität öfter an Allergien erkranken als in Reinluftgebieten, obwohl die diversen Pollenmengen vergleichbar sind. Untersuchungen haben nämlich eine vermehrte Schädigungen der Pollenaußenhaut gezeigt, die auf den Einfluß von Luftschadstoffen zurückgeführt werden.

Einwirkung von Sonnenlicht (UV-Strahlung) und gleichzeitiger Sauerstoffzutritt (Ozon!) führen zur Bildung von Peroxiden in der Pollenhaut, die diese aufspalten und die Diffusion der Allergene im Inneren des Pollenkorns nach außen erleichtern.

Begünstigung durch den Treibhauseffekt?

Durch den an einen Treibhauseffekt erinnernden Temperaturanstieg während der letzten Jahre wird die Birke in einigen Gebieten Österreichs klimatisch an den Rand ihres Verbreitungsgebietes und somit in eine Streßsituation gedrängt. Andererseits begünstigen die veränderten Temperaturverhältnisse vor allem die Versteppung. Das bringt vor allem Vorteile für Steppenelemente wie Gräser, Beifuß, Traubenkraut und Gänsefußgewächse und Nachteile für den Großteil der Baumarten.

Die lokalen Polleninformationsdienste geben die aktuelle Situation und allfällige Prognosen über Telefon-Tonbanddienste bekannt. Nach diesen Informationen ist es meist möglich, Wochenendausflüge usw. so zu gestalten, daß man den stärkeren Belastungen entfliehen kann. Wenn möglich, werden auch Auskünfte über die tageszeitliche Verteilung gegeben. Allgemein gilt, daß in den meisten Fällen ein Aufenthalt im Freien am frühen Morgen (bis etwa 8 Uhr) einem Aufenthalt im Freien am Vormittag vorzuziehen ist. Etwa in der Zeit zwischen 4 und 8 Uhr am Morgen zeigen fast alle Pollentypen – statistisch gesehen – ein Minimum ihres Vorkommens in der Luft. Im Gebirge werden Angaben zu den Höhenbereichen gemacht, die von den Pollen heimgesucht bzw. verschont werden.

Ein Minimum zwischen 4 und 8 Uhr morgens

Auskunft über aktuelle Pollenrisken in Europa kann über die europäische Pollendatenbank erlangt werden. Das ist vor allem für die Planung von Urlaubsreisen von Vorteil.

Urlaubsplanung für Pollenallergiker

Wohin im Urlaub ? Das ist eine ganz entscheidende Frage für Allergiker. Für sie sind leider nur allzuoft „Wunschziele" tabu. Leider gibt es auch ein „Urlaubsparadies für Allergiker" nicht. Aber es gibt immerhin pollenfreie Jahreszeiten, die sich aber leider nur wenige Menschen aussuchen können, da man meist an die obligaten „Urlaubszeiten", wie etwa Schulferien der Kinder, gebunden ist.

Es gibt kein Urlaubsparadies für Allergiker

Unabhängig von der Jahreszeit gilt die grobe Faustregel: Küstengebiete sind als Urlaubsziel für Pollenallergiker besser geeignet als das Landesinnere; Bergregionen (besonders die Alpengebiete) eigenen sich besser für einen Urlaub (fast) ohne Pollen als das Flachland.

Bergregionen sind günstiger als das Flachland

Außerdem sind auch Allergiker in jenen geographischen Regionen, die über ein „Reizklima" verfügen, relativ sicher. Dort herrscht vielfach pollenfreie Luft. Allerdings ist es in diesem Klimabereich auch ziemlich windig, und die Sonne kann da recht intensiv scheinen. Dieses Klima ist in den Alpenregionen vorwiegend anzutreffen und auf den Nordseeinseln Helgoland und Sylt. Doch auch dort ist nicht immer die Welt heil. Ob Pollenallergiker dort ihren

Urlaub beschwerdenfrei verbringen können, hängt nämlich von der Windrichtung ab. Bei entsprechenden Windverhältnisen können nämlich Pollen in Massen herangeblasen werden.

Urlaubsplanung ist wichtig

Wichtig ist für die Urlaubsplanung auch, zu wissen, auf welche Pollen man allergisch reagiert. Und ob es in dem ausgewählten Gebiet Pflanzen gibt, die unter Umständen eine „Kreuzallergie" mit den Gewächsen, auf die man selbst überempfindlich reagiert, bewirken können.

Dabei dürfen regionale Unterschiede in der Blühzeit nicht übersehen werden. Grob gesprochen beginnt der Pollenflug im mitteleuropäischen Raum im Februar und endet meist im Oktober. Daher sind November, Dezember, Januar die „idealen" Monate für eine „Flucht vor der Pollenbelastung".

Ratschläge erhalten Sie von allen Gesundheitsämtern, den Autofahrerklubs und regionalen Pollenwarndiensten, über Radio und durch Zeitungen, von denen in praktisch allen wichtigen Urlaubsländern über „Bioklima" und Pollenflugzeiten (allerdings in der Landessprache) berichtet wird.

Diäten und Kochrezepte

Die hier geschilderten Speisenzusammenstellungen, Diäten und Fasten(Entschlackungs)kuren haben nicht den Zweck, eine Anleitung zum raschen Abnehmen zu geben. Das stellt sich bei konsequenter Befolgung von selbst ein. Mit den angeführten Rezepten soll in erster Linie ein Beitrag zur Stärkung (oder Wiedererstärkung) des Immunsystems geleistet werden. Es geht also darum, dem Körper den benötigten „Sprit" in der richtigen Zusammensetzung zu bieten, damit die „Abwehrtruppen" fit bleiben oder neue Kräfte sammeln können, um ihren Dienst klaglos durchführen zu können.

Ein Beitrag zur Stärkung des Immunsystems

Da bekanntlich, was dem einen guttut, dem anderen überhaupt nicht zusagen kann, ja von ihm abgelehnt wird, sind hier die unterschiedlichsten Diäten aufgezählt, die aber alle in die gleiche Endstrecke führen und denselben Zweck haben. Sie können wählen, was Ihnen persönlich am besten zusagt, wovon Sie meinen, daß es für Sie genau das Richtige ist.

Keine noch so gute Behandlung kann ihre volle Wirkung entfalten, wenn der Behandelte nicht überzeugt davon ist, daß er damit wieder gesund ist. Diese Binsenweisheit kennt jeder Arzt – und handelt auch danach. Daher: Vergleichen Sie in Ruhe. Probieren Sie verschiedene Vorschläge aus und treffen Sie dann Ihre ganz persönliche Wahl.

Wichtig ist Überzeugung

Allergien hängen in den meisten Fällen mit einer Übersäuerung des Organismus zusammen, betont Dr. Wolfgang Exel. Daher ist es wichtig und auch notwendig, den Organismus schwerpunktmäßig mit basischen bzw. basenerzeugenden Lebensmitteln zu versorgen und Säurebildner bzw. saure Lebensmittel in geringerem Ausmaß zu sich zu nehmen.

Faustregel: 70 bis 80 Prozent der Nahrung sollte basisch sein.

Ehe Sie mit den Kochrezepten gegen Übersäuerung vertraut gemacht werden, möchte ich Ihnen eingangs eine Liste der Basenbildner unter den Nahrungsmitteln und der Säurebildner vor Augen führen.

Die säurebildenden Speisen

Sauer und „säurebildend" nicht verwechseln

Bereits der Ausdruck „säurebildend" sagt, worum es hier geht. Nämlich um Speisen, die im Laufe des Verdauungsprozesses und ihrer biochemischen Tätigkeit im Magen-Darm-Trakt saure Substanzen bilden. Sie sind also nicht zu verwechseln mit sauren Speisen oder Speisezutaten wie Essig oder Zitrone. Da sich unter den säurebildenden Speisen viele Grundnahrungsmittel befinden und es daher töricht wäre, anzuraten, diese aus dem Speiseplan völlig zu eliminieren, sollte man mit den hier angeführten Nahrungsmitteln entsprechend sparsam umgehen.

Säurebildende Speisen

„Gleichgewichts"-Experte Christopher Vasey listet auf:

- Fleisch, Geflügel, Wurstwaren, Fisch
- Käse, Milchprodukte mit einem hohen Molkeanteil wie Joghurt oder Sauermilch
- tierisches Fett
- Erdnußöl sowie gehärtete oder raffinierte pflanzliche Öle
- diverse Getreidesorten, vor allem Hirse
- Teigwaren und Lebensmittel auf Getreidebasis
- Hülsenfrüchte wie Sojabohnen, weiße Bohnen
- raffinierter weißer Zucker
- Süßigkeiten wie Schokolade, Bonbons, kandierte Früchte
- Kaffee, Tee, Kakao, Wein

Saure Speisen hingegen sind:

- industriell hergestellte gesüßte Getränke
- unreife Früchte
- saure Früchte wie bestimmte Beeren, Zitrusfrüchte, diverse Apfelsorten

- saures Gemüse – z. B.: Tomaten, Rhabarber, Sauerampfer, Kresse
- Sauerkraut
- Furchtsäfte wie Zitronensaft
- Essig

Der Säurestoffwechsel des Körpers wird aber noch zusätzlich durch folgende Faktoren beeinflußt:

- Menge des Konsums
- Häufigkeit des Konsums
- Zeitpunkt des Verzehrs (siehe auch Abschnitt: Essen nach der Organuhr)

Die basischen bzw. basenbildenden Speisen

Basenbildende Speisen

- Kartoffeln
- grünes Gemüse – sowohl gekocht als auch roh
- farbiges Gemüse – z. B. Karotten, rote Bete
- Milch, Rahm, Sahne
- frische Molke
- Bananen
- Dörrfrüchte in kleinen Mengen mit Ausnahme von gedörrten Aprikosen
- Mandeln, Paranuß
- Kastanien
- basische Mineralwässer

Beispiele für basische Menüs

Frühstück

- ein warmes Getränk (etwa Kräutertee oder Diätkaffee) Quark oder Weißkäse mit zwei Kaffeelöffeln kalt gepreßtem Öl (Lein-, Weizenkeim- oder Sonnenblumenöl) sowie einer reifen, zerdrückten Banane mit Vollrohrzucker, Mandeln und zwei Kaffeelöffeln frisch gemahlenem Getreide oder zwei Kaffeelöffeln Weizenkeimen.

10 Uhr – kleine Zwischenmahlzeit ist erlaubt. Sie sollte bestehen aus:

- Mandeln oder Banane
- Wasser, Kräutertee oder Diätkaffee

Mittagessen

- grüner Salat und/oder Rohkost, aber bitte ohne Tomaten (Achtung: Tomaten zählen zu den sauren Speisen und sollten daher nicht zu oft auf dem Speiseplan stehen)
- Sauce bestehend aus: Gemüsesaft, Quark, Senf, Bierhefe, Petersilie
- gekochtes Gemüse, z. B. Karotten, Fenchel, Lattich, dazu gibt es Kartoffeln und Weißkäse oder Quark (mit Kräutern und Gewürzen „verbessert") oder
- Mais (als gekochter Kolben oder - wo es örtlich bekannt ist – in Form von Polenta) oder
- Kartoffel und weiches Ei.
- Als Nachspeisen stehen zur Auswahl:
- zerdrückte Banane und Quark oder
- Banane und Mandeln oder
- Quark allein
- Wasser, Kräutertee, Diätkaffee.

Zwischenmahlzeit (16 Uhr)

- abermals Wasser, Kräutertee oder Diätkaffee, Dörrfrüchte wie Datteln oder Feigen

Nachtmahl

- entweder wie Mittagessen (einige Auswahlmöglichkeiten stehen Ihnen zur Verfügung, es muß also keineswegs genau das gleiche Essen sein) oder
- Gemüsesuppe und Weißkäse und Vollkornzwieback oder
- grüner Salat und/oder Rohkost, Weißkäse und Vollkornzwieback.

Einer Übersäuerung wirken entgegen:
Buchweizensuppe, Buchweizen-Spinat, Buchweizen-Nußmilch, Gemüsesuppe, Buchweizen-Pudding, Avocado-Creme, Kichererbsenpastete, Frischkornmüsli, Zucchiniauflauf, Gemüsereis, Haferauflauf, Champignon-Kartof-

fel-Laibchen. Für Fleischliebhaber gibt es aber doch ein Trostpflaster: gefülltes Kalbsschnitzel.

Rezepte für Neurodermitiker

Berücksichtigt man die vielfältigen, noch ungeklärten Ursachen der Neurodermitis, kann es keine allgemeine, für jeden Neurodermitiker in gleicher Weise geltende Diät geben. Daher ist es nur möglich, Ernährungsratschläge zu erteilen, die dann mit dem Arzt des Vertrauens abgesprochen und auch durchaus modifiziert, dem jeweiligen Fall angepaßt werden können.

Hilfe durch die gezielte Ernährungsweise

Die hier gegebenen Empfehlungen sollten daher nicht als „Stein der Weisen" gesehen werden. Sie können aber dazu beitragen, die Lebensqualität der Betroffenen zu verbessern, indem sie durch die gezielte Ernährungsweise ihren allgemeinen körperlichen (und damit auch seelischen) Zustand verbessern.

Dr. med. Sigrid Flade, ausgebildet auch in Naturheilverfahren und Biologischer Medizin, hat sich intensiv mit Neuerodermitis und deren natürlicher Behandlung beschäftigt. Ihre Ratschläge für eine Nahrungsumstellung, die Neurodermitikern das Leben erleichtert, lauten:

Da „Milch und Milchprodukte die Hauptübeltäter sind, ist es ratsam, sich milchfrei zu ernähren". Flade präzisiert: „Das Weglassen von Kuhmilch ist in jedem Fall oberstes Gebot. Gesäuerte Milchprodukte wie Joghurt und Quark sind besser verträglich. In ihnen sind genauso wie in der Milch wichtige Nährstoffe und das knochenbildene Kalzium enthalten."

Eier sollten nicht einmal zu Ostern gegessen werden, warnt die Neurodermitisexpertin. Fleisch und Wurst hingegen sind – in Maßen – erlaubt.

Auch hier gilt: Ausprobieren!

Darüber hinaus, berichtet Dr. Flade in ihrem Buch „Neurodermitis natürlich behandeln", ist nicht jedes Obst verträglich für Neurodermitiker. Auch hier gilt, wie für die anderen Lebensmittel auch: Ausprobieren, welche Sorten einem bekommen und welche negative Reaktionen hervorrufen. Vorsicht ist aber bei Obstsäften geboten. „Wenn schon Obstsaft, so ist es besser, ihn aus frischem Obst mit einem Entsafter herzustellen" (Flade). Fertignahrungsmittel sollten ganz generell gemieden werden.

Keine Fertignahrungsmittel

Für Neurodermitiker können nachfolgend genannte Diätformen ebenfalls Erleichterung bringen:

- Die Rotations- bzw. Schaukeldiät. Sie beruht auf folgendem Prinzip: Lebensmittel aus derselben Lebensmittelfamilie dürfen nur an einem Tag verzehrt werden. Dieselbe Kombination darf frühestens nach vier Tagen wieder gewählt werden. In schwereren Fällen soll die Wartezeit sechs und mehr Tage betragen, meinen die Professoren und Neurodermitis-Spezialisten Michael Hamm und Christine Behr-Völtzer.

Des weiteren soll innerhalb einer Mahlzeit die Anzahl der Lebensmittel gering sein – ein übermäßiger Verzehr einzelner Lebensmittel sollte vermieden werden.
Für Klein- und Schulkinder ist die Rotationsdiät allerdings weniger zu empfehlen.

Fastenkuren

Besinnungspause für das Immunsystem

Fasten haben Ernährungswissenschaftler einmal sehr anschaulich als „Besinnungspause für das Immunsystem" bezeichnet. Durch das Fasten werden Schadstoffe und Ballaststoffe abgebaut, damit wird der Körper „entgiftet". Der Organismus wird damit dazu gebracht, sich selbst besser helfen zu können.

Fasten ist ein entscheidender Schritt zur Gesundung! Fachleuten ist hinlänglich bekannt, daß die meisten der sogenannten „Zivilisationskrankheiten" mit Über- bzw. Fehlernährung zusammenhängen. Fasten greift, richtig gemacht, nicht nur in körperliches Geschehen, sondern auch in seelische Strukturen ein.
Kurz gesagt: Körper und Geist profitieren davon.
Gleich vorweg: Fasten ist nicht gleichbedeutend mit „Ab-

specken". Fasten ist eine ganzheitliche Heilmethode zur Verbesserung fast aller Lebens- und Organfunktionen. Dabei sollten allerdings einige grundlegende Erkenntnisse unbedingt beachtet werden:

Eine ganzheitliche Heilmethode

- Zweck des Fastens ist es, wie der Fastenexperte Dr. Heinz Fahrner betont, daß die „innere Ernährung und Verdauung" wirksam werden.
- Fasten ist, richtig durchgeführt, keine leibfeindliche Askese, sondern macht den maß- und sinnvollen Genuß durch den Verzicht auf das Überflüssige erst möglich.
- Fasten kann auch dabei mithelfen, Krankheiten zu verhindern.
- Eine Fastenkur sollte jährlich oder zumindest alle zwei Jahre durchgeführt werden. Damit kann jeder Mensch jenseits des 40. Lebensjahres eine „Generalüberholung" erreichen.

Eine Fastenkur jährlich

Und so könnte ein „Fahrplan" für eine Fastenwoche aussehen:

Der **„Entlastungstag"**, der auf das folgende Fasten vorbereiten und einstimmen soll:

Entlastungstag

Am Morgen: Obst, Nüsse oder Bircher-Müsli
Mittags: Rohkostplatte, Kartoffel, Gemüse, Quarknachspeise
Nachmittags: ein Apfel
Abends: Obst oder Obstsalat, ein Joghurt, ein Knäckebrot.

1. Fastentag

Nach dieser „Entlastung" beginnt der erste Fastentag mit Glaubersalz am Morgen (zur Darmentleerung).
Mittags: Gemüsebrühe oder Gemüsecocktail
Nachmittags: Tee (eventuell mit einem Löffel Honig)
Abends: Obstsaft, Gemüsesaft oder Gemüsebrühe

2. Fastentag

Der 2. Fastentag: Am Morgen Tee,
Mittags: Kartoffelbrühe,
Nachmittags: abermals eine Tasse Tee,
Abends: Gleiches „Menü" wie am ersten Tag.

3. Fastentag

Der 3. Fastentag: Morgen- und Abendmahlzeit bleibt gleich.
Mittags: eine Karottenbrühe.

4. Fastentag

Der 4. Fastentag: Morgens und Abends die gleichen Speisen wie am Tag zuvor.
„Mittagsvariation": Gemüsebrühe oder Gemüsecocktail.

5. Fastentag

Der 5. Fastentag: Morgens und abends wie gehabt.
Mittags: Selleriebrühe.
Den Abschluß dieser Fastenkur bilden sogenannte Aufbautage.

1. Aufbautag

1. Aufbautag: Morgentee nach Bedarf
Vormittag: Ein reifer oder ein gedünsteter Apfel
Mittags: Kartoffelsuppe
Nachmittags: Gleiches wie am Vormittag
Abends: Gemüsesuppe, Joghurt, Käse

2. Aufbautag

2. Aufbautag: Morgens: Feige, Brot, Butter
Mittags: Rohkost, Kartoffel, Gemüse
Nachmittags: Apfel, Haselnüsse
Abends: Tomaten, Butter, Vollkornbrot, Gervais, Knäcke
Zusätzlich sollte man viel Wasser oder Mineralwasser trinken. Es können getrost ein bis zwei Liter pro Tag sein.
Durch Fasten wird der Gesamtorganismus gestärkt, von Schlacken befreit, das Immunsystem gekräftigt und die inneren Organe entlastet.

Die Mayr-Kur

Darmreinigungskur

Mit der „Darmreinigungskur nach Franz Xaver Mayr" wird dem ganzen Körper Gelegenheit gegeben, Schadstoffe aus dem Gewebe auszuschwemmen und auszuscheiden.
Auf diese Art kommt es zu einer Regeneration und „Verjüngung" des Gewebes, gestärkter Abwehrkraft und zur Wiederherstellung der normalen Funktionsfähigkeit der Verdauungsorgane.

Nach Ende der sechswöchigen Kur ist der Körper in einem wesentlich besseren und gesünderen Zustand und somit wieder in der Lage, die alltäglichen Belastungen besser ausgleichen und mit Krankheitskeimen rascher fertig werden zu können.
Den entscheidenden Impuls für die „Erfindung" der nach ihm benannten Kur erhielt der Arzt Dr. Franz Xaver Mayr im Kriegsjahr 1917. Damals, zu Ende des Ersten Weltkrieges, herrschte eklatanter Nahrungsmittelmangel.
Dr. Mayr konnte seine Patienten nur mit altem Weißbrot, Haferschleim und zwangsweise eingeführten Fasttagen über die Runden bringen.
Doch dieser Mangel erwies sich als „Heilmittel". Dr. Mayr sah, daß seine Patienten trotz (oder gar wegen?) der „Schmalkost" sensationelle gesundheitliche Fortschritte machten.

Die Milch-Semmel-Kur

Die Milch-Semmel-Kur, die er, den Umständen gehorchend, den Kranken verordnet hatte, hat ihn weltberühmt gemacht und ihm den Spitznamen „Semmel-Mayr" eingebracht.
Die zwei wichtigsten Komponenten der Mayr-Kur sind die Milch-Semmel-Kur und das Teefasten mit gebrühten Kräutertees und Wasser.
Sie sollte aber niemals ohne fachliche Anleitung und Betreuung durchgeführt werden.

Fit-Menüs für Frühling und Herbst

Wie wir schon gehört haben, spielt für die richtige Verarbeitung der Nahrung die Tageszeit (Körperuhr) eine zentrale Rolle. Nicht minder bedeutend für die Stärkung des Körpers und Förderung des Energiehaushaltes ist das jahreszeitlich angepaßte richtige Ernährungsverhalten.

Im Frühjahr Kräuter

Daher sollten Sie im Frühjahr das zu dieser Zeit vorherrschend reichliche Kräuterangebot nützen. Kräuter helfen mit, den Körper von innen her zu reinigen und Schlakken, die sich während des Winters angesammelt haben, zu entfernen. Sie geben dem Körper aber auch Aufbaustoffe. Dabei ist es gleichgültig, ob Sie die Kräuter der Saison in einer Suppe konsumieren, in den Salat geben, sie als Brotaufstrich oder -zutat nutzen.

Stoffwechselanregung

Der Stoffwechsel läßt sich mit folgender Mischung sehr gut anregen: Gundelrebe-, Sternmiere- und Löwenzahnblätter in feine Streifen schneiden und mit Gänseblümchen in den Kartoffelsalat mischen.

Beispiele für „Frühjahrs-Suppen“ sind:

Löwenzahnsuppe:

Rezepte und Vorschläge

Dazu werden benötigt: Vier Löwenzahnwurzeln, eine Zwiebel, einen Eßlöffel Distelöl, ein Stück Sellerie, eine Petersilienwurzel, eine Karotte, etwas Vitamin-Gemüsebrühe und Kresse zum Bestreuen. Für 1 Liter Suppe braucht man vier Löwenzahnwurzeln. Die Wurzeln werden kleinwürfelig geschnitten und eine Zwiebel dazu fein gehackt. Das ganze wird dann mit einem Eßlöffel Distelöl leicht angedünstet, mit 1/4 Liter Wasser aufgegossen. Dazu kommen noch ein Stück Sellerie, eine Petersilienwurzel und eine Karotte fein gerieben. Danach wird auf 1 Liter Suppe aufgegossen. Auf kleiner Flamme köcheln lassen und mit Vitamin-Gemüsebrühe abschmecken, mit gehackter Kresse garnieren (man ißt bekanntlich auch mit den Augen!).

Im Herbst bietet sich dann eine ausgezeichnete Gelegenheit, den Körper auf den Winter vorzubereiten. Zielführend sind „Gesundheitstage“. Fitneßspezialist Prof. Willi Dungl schlägt für „Herbst-Gesundheitstage“ vor:

Zum Frühstück Obst und Kräutertee,

vormittags eine Schale Kaffee,

mittags eine Salatplatte, Gemüsesuppe, gekochtes Gemüse, gegrillten Fisch oder Pute. Käse oder ein Ei sind auch erlaubt.

Nachmittags gibt es Tee oder Mineralwasser und abends stehen gekochter Salat aus Schwarzwurzeln, rote Bete und Sellerie, Buchweizensuppe, Wurzelgemüse mit Folienkartoffeln auf dem Speiseplan.

Wichtig ist dabei, betont Prof. Dungl, daß von der Abendmahlzeit bis zum Frühstück eine zwölfstündige Pause eingehalten wird, damit der Verdauungstrakt zur Ruhe kommt.

Speisepläne nach der Körperuhr

Der Kinesiologe Kim da Silva listet als die wichtigsten Grundsätze eines Mahlzeitplanes nach der Körperuhr auf: Vor dem Essen ein bis zwei Glas Wasser trinken und dann erst wieder 20 bis 30 Minuten danach. Während des Essens sollte überhaupt nichts getrunken werden.
Der Tag soll mit einem Glas Wasser beginnen.
Grundsätzlich gilt noch:

Vorschlag

1. Frühstück: wahlweise Suppe aus Miso, gekochte Kartoffel mit Butter, Kartoffelsuppe und grüner Tee.
2. Frühstück: Eine Sorte Obst und rohes Gemüse.
Mittag: Eine Sorte Salat. Gemüse sollte nur gekocht, gedämpft oder blanchiert genossen werden, Kartoffeln in beliebiger Zubereitung.
In der Zeit zwischen 14 und 16 Uhr ist dann „Nichtessen" angesagt.
Abends: Das Abendessen sollte zwischen 16 und 18 Uhr stattfinden und aus folgenden Gerichten bestehen: Gemüse, Getreide, Nudeln oder Brot, Fisch, Geflügel, Fleisch.
Und hier einige Anregungen für kinesiologisch richtig zubereitete Mahlzeiten.

Misosuppe:
Pro Person ein bis zwei Tassen Wasser zum Kochen bringen, ein bis zwei Teelöffel Miso in lauwarmem Wasser anrühren und in das nicht mehr kochende Wasser einrühren. 5 Minuten ziehen lassen und darauf je nach Lust und Laune mit Zwiebel, Schnittlauch oder anderen Kräutern – wie zum Beispiel einer Kräutermischung aus der für ihre duftenden Kräuter weltberühmten Provence.

Knoblauchrahmsuppe:
An Zutaten werden benötigt: 30 Gramm Reformmagarine, 50 Gramm Zwiebel, 50 Gramm Porree, 1/4 Liter Sahne, ein 1/4 Wasser, 25 Gramm Weizen fein gemahlen, 0,4 Liter Gemüsebrühe, zwei Eßlöffel Sahne, sechs mittelgroße Knoblauchzehen, fein zerdrückt, Kräutersalz, Muskatnuß und eventuell grüner Pfeffer.

Zubereitung: Feingehackten Zwiebel und Porree in Reformmargarine andünsten, mit gemahlenem Weizen bestäuben und mit einem Sahne-Wasser-Gemisch ablöschen. Bechamel 20 Minuten aufkochen lassen und mit Gemüsebrühe verdünnen, Gewürze beifügen und die Suppe nach Möglichkeit im Mixer pürieren und mit Schlagsahne verfeinern.

Indische Bratkartoffeln:
An Zutaten benötigen Sie: Zwei Zwiebeln, Öl, Curry nach Geschmack, ein Kilo gekochte Kartoffeln, drei bis vier Eier, zwei bis drei Eßlöffel geriebener Käse, Kräutersalz und grünen Pfeffer.
Zubereitung: Die gehackten Zwiebeln in Öl (bzw. Butter oder Reformmargarine) goldig dünsten, Curry und blättrig geschnittene Kartoffeln hineingeben und braten. Die Eier mit dem Käse verrühren, mit Kräutersalz und selbst gemahlenem grünen Pfeffer würzen, über die Bratkartoffeln gießen. Pfannendeckel aufsetzen und bei kleiner Flamme 10 Minuten backen lassen.

Gratinierte Kartoffeln mit Kohl:
Zutaten: 1 Kilo Kartoffeln, 600 Gramm Kohl, zwei Eier, 1/4 Liter saure Sahne, zwei Teelöffel Miso, Gemüsebrühe (kann auch fertig gekauft werden), 100 Gramm Bergkäse, zwei Zwiebeln, Knoblauch. Kümmel.
Zubereitung: Kartoffeln kochen, schälen, blättrig schneiden. Den Kohl waschen, Zwiebeln würfeln und in etwas Reformmargarine andünsten, grob geschnittenen Kohl dazugeben und zugedeckt etwas weich kochen lassen, mit Knoblauch und eventuell Basilikum würzen. Kartoffeln zur Hälfte in eine gut gebutterte Auflaufform schichten, etwas Kräutersalz darüber geben, die Kohlmasse darauf verteilen und die restlichen Kartoffeln darüber schichten. Saure Sahne mit Eiern, Miso, Käse verquirln und über die Kartoffeln gießen. Bei 200 Grad zirka 30 Minuten backen.

Kartoffelgulasch:
An Zutaten werden benötigt: Kartoffeln, Zwiebel, Gewürze (nach Eigengeschmack), Miso, Butter, je nach Jahreszeit frische Kräuter.
Zubereitung: Zwiebeln in Wasser andünsten, Kartoffeln gut bürsten und waschen, dann in Würfel schneiden und mit genügend Wasser und Gewürzen kochen. Nach dem Kochen angerührtes Miso dazu geben sowie Butter und eventuell frische Kräuter.

Kochrezepte für Nahrungsmittelallergiker

Ein Hinweis vorweg, den der Leiter der Allergieklinik Davos und der Dermatologischen und Poliklinik der Technischen Universität, Professor Dr. Siegfried Borelli, für alle Nahrungsmittelallergiker parat hat: „Nahrungsmittelallergiker sollten nicht an weltanschaulichen Diäten festhalten, die für sie selbst nicht allergenfrei sind und damit eine Nahrungsmittelallergie gar nicht verhindern können."
Die Diätberaterin und Expertin für Lebensmittelallergie Edwina Polster, Mitarbeiterin von Professor Borelli, stellt fest: „Bei allen Nahrungsmittelallergien oder -unverträglichkeiten ist eine sorgfältige und gezielte Auswahl und Zubereitung der Lebensmittel essentiell. Im einzelnen heißt das:

Eine sorgfältige Auswahl der Lebensmittel

- Möglichst frische oder gefrorene Nahrungsmittel ohne Zusätze verwenden.
- Ausgewähltes Obst. Gemüse und Kräuter sollten möglichst aus der gleichen botanischen Familie stammen, um „Kreuzreaktionen" zu vermeiden. In die gleiche Pflanzenfamilie gehören beispielsweise Bohne, Johannisbrot, Klee, Kichererbse, Linsen, Luzerne und noch einiges mehr. Oder zur Gruppe der Gräser werden gezählt: Bambus (Bambussprossen), Dinkel, Gerste, Ha fer, Zuckerrohr. Gurke, Kürbis, Melone und Zucchini gehören ebenfalls der gleichen Pflanzenfamilie an.

Zur Gruppe der Rosengewächse (!) reiht die Botanik so unterschiedliche Früchte wie Apfel, Aprikose, Brombeere, Pflaume, Schwarzdorn.

- Pflanzliche Allergene sind meistens unter der Schale und im Kern zu finden, daher nicht zu knapp (großflächig) schälen und entkernen.
- Pflanzliche Allergene werden durch Kochen zum größten Teil zerstört.
- Vollkorngerichte sollten nur gegart genossen werden.
- Keine Gewürzmischungen, nur reine Gewürze verwenden.

Eine „Spezial-Vermeidungsdiät" ist unmöglich

Da es schier unmöglich ist, für alle nur erdenklichen Allergene in Nahrungsmitteln eine „Spezial-Vermeidungsdiät" zu kreieren, wollen wir uns hier auf die häufigsten Formen der Nahrungsmittelallergene beschränken.
Im folgenden werden daher nur Kochrezepte für Kuhmilch-, Hühnerei-, Fleisch-, Fisch- und Mehlallergiker beschrieben.

Gerichte ohne Kuhmilch

Die Vorschläge sind für alle jene Allergiker gedacht, die weder Milch noch Milchprodukte vertragen.
Als Suppe eignet sich in solchen Fällen gut Brühe mit Ei und frischen Kräutern. Beilage: Roggennudeln mit Ei, Spaghetti mit Ei.
An Hauptgerichten bietet sich für Milchallergiker eine durchaus reiche und schmackhafte Auswahl. Zum Beispiel: Truthahnbrust aus der Bratfolie, Hühnereintopf, Hühnerbrust mit Bambussprossen, Hähnchenkeule aus der Bratfolie, Truthahnbrust auf frischem Gemüse, Spaghetti Bolognese, Sojapikata, Cannelloni mit Sojakäse, Sojakäsespatzen. Ebenfalls ohne Bedenken können zubereitet werden: Lasagne mit Tomaten und Sojakäse, Vollkornapfelstrudel mit Sojakäse.

Nachspeisen:

Orangencreme, Brombeercreme, Apfel-Sago-Gelee.

Gerichte ohne Hühnerei:
Folgende Suppen kommen dafür in Frage: Spargelcremesuppe, Tomatensuppe, Spinatsuppe mit Rahm.
Beilagen: Kartoffelgnocchi, Kartoffelpastete, Maisbrei, Maronenpüree, Rahmsoße mit gemischtem Gemüse.

Gemüsegerichte:
Lauchgemüse, junger Blattspinat, Rahmspinat, Fenchelgemüse, Wirsinggemüse, gemischter Krautsalat.
Hauptgerichte: Rindfleischstreifen mit Lauch, Rindfleisch mit Lauchrahm, Kalbs-Rahmgulasch, Kalbsgeschnetzeltes mit frischem Estragon, Seelachs in Rahmsoße, Heilbutt in Kräutersoße, Maultaschen schwäbische Art, Maispizza, Zucchini mit Hirse gefüllt, Lauch und Tomaten gratiniert, Wirsingroulade, Auberginen mit Hirse-Champignon-Füllung.

Nachspeisen:
Erdbeercreme, Bananencreme, Aprikosencreme.

Gerichte ohne Kuhmlich und ohne Hühnerei:
Salate: Gemischter Salat, frische Zucchini mit Tomaten, Brokkolisalat, Karottensalat, Frisee- und Eichenblattsalat, gemischter Salat mit Sojakäse, Tomatensalat mit frischer Kresse und Sojakäse, Sojakäse mit frischen Egerlingen.
Suppen: Klare Ochsenschwanzsuppe mit Brokkoli, klare Fleischbrühe mit Spargel, Frühlingssuppe, Gemüse-Gersten-Suppe Tomaten-Soja-Suppe, Auberginen cremesuppe mit Sojakäse, Zwiebel-Soja-Suppe.
Beilagen: Herzoginkartoffeln, Kartoffelkroketten, Kartoffel-scheiben mit Petersilie, Kartoffelpuffer, Rösti, Nudeln mit Ei-Ersatz, Vollkornnockerln, Petersilienreis mit Safran, Polenta mit frischen Kräutern, Polenta gebacken, Auberginen-Zucchini-Tomatengemüse, Tomatensoße.
Hauptgerichte: Kalbshacksteak, fein geschnittenes Rindfleisch mit Gemüsestreifen, Kalbsmedaillons auf frischem Spinat, bunter Bohnentopf, Linsen, Omelette mit Gemüsefüllung, Pfannkuchen mit Speck, Soja-Spinat-Pizza,

Tomate gefüllt mit Spinat und Sojakäse, Vollkorn- omelett mit Sojakäsefüllung.
Nachspeisen: Erdbeerfruchtgelee, Apfelsinen-Grapefruit-Salat, Holunder-Kirsch-Gelee, Stachelbeergrütze, Vanillesoße aus Sojamilch, gemuste Holunderbeeren mit frischen Feigen, gegrillte Banane, Johannisbeergrütze, Ananasgelee, Rhabarber-mus mit frischen Erdbeeren.

Vegetarisch

Gerichte ohne Fleisch:
Suppen: Gemischte Gemüsesuppe mit Tofu, Soja-Brokkoli-Suppe.
Salat: Salat auf griechische Art
Beilagen: gratinierte Kartoffeln, Semmelknödel mit Ei-Ersatz, gebackene Auberginen.
Hauptgerichte: Soja-Gemüse-Reis, Soja-Kartoffel-Spinat-Auflauf, Gemüseauflauf mit Sojakäse, Gemüsepichelsteiner mit Sojakäseeinlage, Grünkernklopse, Kapernsoße, Quarkauflauf mit frischen Aprikosen.
Nachspeisen: Maronencreme, Apfelküchlein, Karamelcreme, Vanillesoße aus Sojamilch.

Gerichte ohne Fisch:
Fisch ist relativ leicht zu vermeiden, doch bei „Ersatzgerichten" kann es durchaus Fußangeln geben. Bei Verwendung von Geflügelfleisch oder Eiern kann es durchaus vorkommen, daß diese Produkte von Tieren stammen, die mit Fischmehl gefüttert wurden – daher Vorsicht walten lassen und lieber rückfragen, wie das Federvieh ernährt wurde.
Hauptspeisen: Truthahngeschnetzeltes mit Tomaten und Kresserahm, Truthahnschnitzel in Champignon-Rahm-Soße, Truthahngulasch, Hühnerfrikassee mit frischem Gemüse, Spinatstrudel.

Lieben Sie es süß?

Nachspeisen: süßer Maronenauflauf.

Kuchen und Torten ohne Mehl:
Als Mehlersatz können dienen: Kartoffelstärke, Nüsse, Quark, Maronen. Allerdings sollte vorher abgeklärt weden,

ob Sie nicht vielleicht gerade auf einen dieser Stoffe allergisch sind. Ist das nicht der Fall, können Sie mit Genuß konsumieren: Nußbiskuitroulade mit Himbeersahne, Mandel-Quark-Roulade, Nußtorte, Erdbeer-Quark-Sahne-Füllung, Eier-Erdbeer-Creme, Karottentorte, Maronenkuchen.

Kuchen ohne Ei:
Bitte achten Sie bei diesen Speisen darauf, daß sie Nelken, Zimt, Bäckerhefe enthalten, und vergewissern Sie sich, daß Sie keine Allergie darauf haben – oder wenn das der Fall ist, weichen Sie auf andere Gewürze aus. Diätspezialistin Burger empfiehlt des weiteren: Topfen-Mürbteigschnitten, Karottenkuchen, Käsekuchen, Hefekuchen mit Apfelbelag.

Kleingebäck ohne Mehl, aber mit Ei:
Mandellebkuchen, Walnußmakronen, Schokoladenbaiser, gemischte Nußplätzchen, Zimtmakronen, Mandel-Gewürz-Plätzchen, Mandel-Gewürz-Sterne, Erdnuß-Knuspergebäck, Teesterne, Sahnekringel, Sauerrahm-Plätzchen, Nuß-Zitronen-Schnitten.

Erprobte Rezepte für Mehrfachallergiker
(allergisch auf Gewürzkräuter, Nickel, Perubalsam, Konservierungsstoffe, Farbstoffe, Hefe- und Schimmelpilze)

Geflügelsuppe:
Zutaten: zwei Hühnerkeulen, Zwiebel, Sellerie, Möhren, 30 Gramm Öl, 10 Gramm Butter, zwei EL Mehl, ein KL Cognac, ein Blatt Schinken.
Zubereitung: Zwiebel, Sellerie, Möhren blättrig schneiden, Hühnerkäulen enthäuten, salzen und in einem Öl-Butter-Gemisch anbraten, herausheben, Wurzelwerk kurz anbraten und aus der Pfanne nehmen. Den Bratensatz mit Cognac ablöschen, mit 3/4 Liter Wasser aufgießen, zum Kochen bringen. Jetzt die Hühnerkeulen dazulegen, auf kleiner Flamme kochen lassen. 20 Minuten danach Gemüse dazugeben. Nach 40 Minuten Garzeit wird dann das Fleisch vom Hühnerknochen gelöst. Danach das Mehl

ohne Fettzugabe unter ständigem Rühren ein paar Minuten leicht erhitzen, bis es hellgelb ist, und einquirln, etwas nachsalzen ist erlaubt. Als letztes den Schinken in dünne Streifen schneiden, mit dem ausgelösten Hühnerfleisch in die Suppe legen, Schnittlauch darüber streuen und servieren.

Lieben Sie es süß?

Lieben Sie es süß? Dann probieren Sie mal den für Allergiker bedenkenlosen Marillenkuchen.
Zutaten: zwei Joghurtbecher Mehl, ein Joghurtbecher Feinkristallzucker, ein halber Joghurtbecher Öl, zwei Eier, ein Backpulver, ein Joghurt, Marillen oder Pflaumen oder fächrig aufgeschnittene Äpfel.
Zubereitung: Eier und Zucker so lange mit dem Schneebesen schlagen, bis die Masse schaumig-cremig ist. Daraufhin Joghurt und Öl einrühren. Nun das Backpulver mit dem Mehl versieben und vorsichtig einrühren. Nach diesen Vorarbeiten eine längliche Kuchenform gut einfetten, mit Mehl und mit Paniermehl (Brösel) ausstreuen. In der Form den Teig gleichmäßig verteilen, Marillen oder Pflaumen entkernen und mit der Schnittfläche nach oben auf den Teig legen. Werden jedoch Äpfel verwendet, werden diese geschält, in vier Teile zerschnitten und entkernt. Die runde Seite wird daraufhin fächrig eingeschnitten und mit der Rundung nach oben dicht nebeneinander auf den Teig gelegt. Den Obstkuchen in den auf 200 Grad vorgeheizten Backrohr rund 50 bis 55 Minuten backen, aus der Form nehmen und mit Puderzucker bestreuen.

Lust auf Fleisch?

Haben Sie Lust auf Fleisch? Hier das Rezept für einen Lungenbraten mit Rahmsoße:
Zutaten: zwei Stück Lungenbraten, zwei Blatt Schinken, zwei EL Öl, 10 Gramm Butter, Sahne nach Geschmack, Knoblauch, Salz, eine halbe Zwiebel, eine halbe Karotte, ein wenig Sellerie, Schnittlauch, ein EL Cognac.
Zubereitung: Die Zwiebel kleinwürfelig zerschneiden, in ein wenig Öl glasig anrösten, in dünne Scheiben geschnittene Karotten und Sellerie dazugeben und mit 1/16 Liter Wasser aufgießen, weichdünsten. Zur Seite stellen und in Reserve halten.

Den Lungenbraten mit Knoblauch einreiben, mit einer kleinen Brise Salz bestreuen, die beiden Schinkenblätter streifig schneiden.
Öl und Butter in der Pfanne erhitzen, Lungenbraten mit der mit Mehl leicht bestäubten Seite in das heiße Öl legen. Nach 1 Minute Temperatur zurückschalten, Schinkenstücke auf dem Fleisch verteilen. Auf jeder Seite 4 bis 5 Minuten anbraten und daraufhin warm stellen.
Nun den Bratensatz mit einem EL Cognac aufgießen, das fertige Zwiebelgemüse dazurühren, aufkochen lassen und mit Sahne verfeinern. Mit Schnittlauch servieren.

Vegetarisch

Möchten Sie es vegetarisch? Bitte sehr, hier das Rezept für ein Kürbisgemüse.
Zutaten: 1/2 Kilo Kürbis, eine Tasse Wasser, Salz, eine halbe Zwiebel, einen halben EL Essig, zwei EL Öl, zwei Tomaten, ein KL Zucker, eine Knoblauchzehe.
Zubereitung: Den Kürbis schälen, entkernen und in nicht zu große Würfel schneiden. Daraufhin die Tomaten enthäuten und ebenfalls würfelig schneiden. Die fein geschnittenen Zwiebel salzen und in einem Öl-Butter-Gemisch anlaufen lassen. Dazu die Kürbis- und Tomatenwürfel, Essig, gepreßten Knoblauch und einen KL Zucker geben. Zirka 1/2 Stunde auf kleiner Flamme dünsten lassen, mit Petersilie bestreuen.

Fisch

Essen Sie gerne Fisch? Das folgende Rezept „Fisch nach Pariser Art" bereitet Ihnen sicherlich keinerlei Beschwerden, vorausgesetzt, Sie sind nicht auf Fisch allergisch.
Zutaten: 300 bis 400 Gramm Scholle, Dorsch oder ein anderes Fischfilet, je nach Lust und Laune, zwei Eier, zwei bis drei EL Öl, 10 Gramm Butter, zwei Schinkenblätter, Knoblauch, Salz, etwas Mehl.
Zubereitung: Scholle (oder den anderen Fisch) mit Knoblauch einreiben, „zart" salzen. Zwei Eier mit etwas Salz eine Minute lang mit der Schneerute schlagen, Scholle im Mehl drehen und in die geschlagene Eimasse tauchen, in heißes Fett legen. Dann Hitze zurückschalten, die ge-

schnittenen Schinkenstreifen auf dem Bratgut verteilen, die restliche Eimasse darüber gießen. Auf jeder Seite bei milder Hitze vier Minuten braten.

Italienisch

Italienisches gefällig? Italienischer Reissalat.
Zutaten: ein Kochbeutel Reis, 100 Gramm gekochter Schinken, 50 Gramm Emmentalerkäse, eine grüne Paprikaschote, ein Apfel, eine halbe Zwiebel, zwei EL gehackte Kräuter, ein EL Essig, vier EL Öl, Salz, eine Brise Zukker, eine Tomate, ein hartgekochtes Ei.
Zubereitung: Reis nach Vorschrift (steht auf der Verpakkung) in Zwiebelwasser kochen. Schinken, Käse, Paprika in Streifen schneiden (sorgfältig die weißen Membranen und Kerne entfernen!), die halbe Zwiebel zerkleinern, dünsten, Äpfel schälen und in Würfel schneiden. Alle diese Zutaten mit dem Reis vermengen.
Die Marinade: Essig, Salz, Zucker, Kräuter und Öl miteinander mischen, über den Reissalat gießen und gut eine Stunde ziehen lassen, dann erst servieren.

Vorsicht mit Getränken

Wer gegen Perubalsam und Gewürze allergisch ist, sollte keinesfalls nach folgenden Getränken greifen: Alle im Handel erhältlichen Süßgetränke. Ebenfalls Hände weg von gewürzten Weinen, Likören, Säften aus Zitrusfrüchten, Kräutern und fertigen Hustentees. Des weiteren sind alle parfümierten Teesorten zu meiden. Ebenso Kamillentee, Pfefferminztee und Hagebuttentee, stellen Allergieexperten fest.
Das heißt aber nicht gleich, daß Sie als Allergiker flüssigkeitslos leben müssen.

Getränke

Hier einige schmackhafte Vorschläge für Mixgetränke:
Wenn Sie auf Milch nicht allergisch sind, könnten Sie einmal probieren:
Marillenmilch. 1/8 Liter Vollmilch, drei bis vier reife Marillen mit Zucker oder Süßstoff vermischen, mixen und sofort servieren. Gleichfalls lecker sind auf gleiche Weise zubereitete Bananenmilch, Erdbeermilch und Honigmilch. Wenn Sie das nicht ganz Alltägliche suchen, dann mixen

Sie sich doch einmal eine pikante Gurkenmilch. Dazu brauchen Sie 1/8 Liter Vollmilch oder Joghurt, ein Viertel eines Zwiebels, der in ein wenig Salzwasser gedünstet wurde, ein Achtel einer Gurke (geschält und entkernt), eine Prise Salz, Zucker, Zwiebelgranulat. Das ganze in den Mixer, fein mixen, mit Schnittlauch verzieren und so dekoriert servieren.
Oder sagt Ihnen eine Tomatenmilch mehr zu? Dazu geben Sie in den Mixer 1/8 Liter Vollmilch oder Joghurt, zwei pürierte, enthäutete und entkernte Tomaten, etwas Salz, einen Kaffeelöffel Zucker oder Süßstoff, Zwiebelgranulat. Diese Mischung können Sie ebenfalls mit Schnittlauch verzieren und so servieren.
Achtung: Bei Mehrfachallergien ist auf eine mögliche Unverträglichkeit von Obst oder Beeren zu achten.

Gute Nachricht für Gewürzallergiker

Kein Verzicht auf Gewürze

Gewürzallergiker brauchen keineswegs voll auf „die Würze des Lebens" zu verzichten. Immerhin sind es, so Prof. Borelli, rund zwei Dutzend dieser Nutzpflanzenteile, die Duft und Aroma verleihen sowie die Gesundheit fördern, die auch für Gewürzallergiker durchaus erlaubt sind. Und zwar: Anis, Bockshornklee, Borretsch, Brunnenkresse, ungesäuerte Kapern, Knoblauch, gedünsteter Zwiebel, Gartenkresse, echter Kümmel, Löffelkraut, Mohn, Pilzpulver, Pimpinelle, Porree, Portulak, Sauerampfer, Schnittlauch, Sellerie, Senfsamen, Sesam.
Bei Gewürz- oder Beifußallergie dürfen nicht in den Kochtopf: Bambussprossen, frische und getrocknete Erbsen, Wirsing, getrocknete Linsen, Maiskorn, Paprika- und Pfefferschoten, Spargel, Sojabohnen, Schwarzwurzel fallen ebenfalls in die Kategorie „Nein, danke".
Vorsicht ist geboten bei: Brokkoli, Chinakohl, Karotten, Kartoffeln, Rosenkohl.
Des weiteren bei Beeren, Nüssen, Hagebutten, Mandeln, Erdnüssen, Haselnuß, Walnuß, bei unreifen Orangen, Pistazien, Schlehdorn, Zitronenschalen.
Vorsicht bei Mandarinen, Orangen mit reifem Fruchtfleisch, Pfirsich, Weichseln.

Die Arzneimittel-Allergie

Sollten Sie schon einmal eine Allergie gehabt haben oder auf manche Stoffe besonders empfindlich reargieren, sprechen Sie, bitte, mit Ihrem Arzt über die von ihm verordneten Medikamente. Oder wenn sich nach Einnahme einer bestimmten Arznei der Verdacht ergibt, es könnte bei Ihnen eine allergische Reaktion ausgelöst worden sein, zögern Sie nicht, sofort mit einem Mediziner – am besten einen Allergiefachmann – Rücksprache zu halten. Denn, wie Sie wissen: Es gibt nichts, wogegen man nicht allergisch werden könnte.

Nicht auf die leichte Schulter nehmen

Arzneimittelallergien sollte man also keineswegs auf die leichte Schulter nehmen. Der Allergiespezialist und Hautarzt Professor Dr. Wolfgang Raab: „Arzneimittelallergien bedeuten heute schon ein ernstzunehmendes Problem in der Medizin." Dabei wird der Arzt vor ein sehr kniffeliges Problem gestellt. Prof. Raab: „Die Formen der Arzneimittelallergie sind derart diffizil, daß es oft sehr lange dauert, bis überhaupt der Verdacht auf Vorliegen einer Arzneimittelallergie auftaucht. Es gibt kaum typisch zu bezeichnende Zusammenhänge zwischen Arzneimittel und Bild der ausgelösten Allergie. Weiter erschwert wird das Problem durch die Tatsache, daß kaum mehr ein Patient nur ein einziges Arzneimittel einnimmt."

Die Identifizierung ist sehr schwierig

Außerdem ist bei keiner anderen Allergie die Identifizierung des Allergens so schwierig wie gerade bei Arzneimittelüberempfindlichkeit. Bestenfalls bei einem Drittel der Fälle läßt sich das Allergie-Medikament identifizieren, meinen auf diesem Gebiet erfahrene Experten. Wobei noch hinzukommt, daß selbst bei einer Allergie auf ein bestimmtes Medikament keineswegs dieses die Ursache der allergischen Reaktion sein muß. Es können genau so gut Zusatzstoffe sein, die – sei es aus Geschmacks-

gründen, sei es, um eine bessere Vertäglichkeit zu erreichen – dem Wirkstoff hinzugefügt wurden.
Die wichtigsten Medikamenten-Gruppen, von denen allergische Reaktionen bekannt wurden – wir folgen hier der Zusammenstellung der beiden Allergie-Spezialisten am Sainte Marguerite Hospital, Marseilles, Frankreich, Dr. Daniel Vervloet und Dr. Michel Pradal:

Medikamente, die für die Anästhesie (Narkose) und Intensivpflege verwendet werden

Die wichtigsten Medikamenten-Gruppen

1. Lokalanästhetika

In dieser Gruppe von Arzneistoffen sind allergische Reaktionen ziemlich selten. Bei diesen Mitteln zur lokalen Schmerzausschaltung, die eher für kleinere Eingriffe verwendet werden, sind nur unter einem Prozent allergische Reaktionen bekannt geworden.
Sofortreaktionen auf ein Lokalanästhetikum sind jedenfalls extrem selten, sollten aber doch nicht ganz aus den Augen verloren werden. Aber es kann auch zu verzögerten Reaktionen (ebenfalls selten) kommen, die sich zum Beispiel in Ausschlägen (Kontakt-Dermatitis) oder Lichtreaktionen der Haut (Photodermatitis) äußern können.

2. Narkosemittel

Reaktionen auf Mittel, die in die Vene injiziert werden, treten nicht selten innerhalb weniger Minuten nach Verabreichung des Narkotikums auf. Die Anzahl der in der einschlägigen Fachliteratur berichteten Fälle liegt zwischen 1:2500 bis 1: 3500. An vorderster Stelle stehen dabei jene Substanzen, die während der Narkose für eine Entspannung der Muskulatur sorgen und einen schweren anaphylaktischen Schock hervorrufen können (Als Anaphylaxie bezeichnen Medziner die stärkste der durch spezielle Antikörper bewirkte Überempfindlichkeitsreaktion, die unter anderem nicht selten nach Insektenstichen, Arzneimittelgaben und Allergietestinjektionen auftritt). Dabei kommt es je nach verwendetem Mittel zu sehr unterschiedlichen Zahlen an allergisch reagierenden Patienten, die zwischen maximal 43 und 56 Prozent schwanken können.

Barbiturate (Schlafmittel)

Seltenes Auftreten allergischer Reaktionen

Allergische Reaktionen, die auf eine Verabreichung solcher Mittel hin erfolgten, sind bisher in keinem Fall tödlich verlaufen. Häufigkeit der festgestellten Anzahl an Patienten, die darauf eine allergische Reaktion zeigten (die Angaben in der Fachliteratur schwanken sehr stark): zwischen 1:700 bis 1:23000. Reaktionen treten, wenn überhaupt, ein paar Minuten nach der Injektion auf, zeigen sich vor allem an der Haut und zum Teil auch durch Einwirkung auf das Kreislaufgeschehen.

Nicht-Barbiturate (kurz wirksame Betäubungsmittel)

Auftreten allergischer Reaktionen: Einmal unter 2200 Anwendungen.

Neuroleptika (Psychopharmaka, die zur Herabsetzung der psychischen Reaktivität führen)

Extrem selten auftretende allergische Reaktionen.

Blutplasma-Ersatzmittel

führen ebenfalls nur bei wenigen Patienten zu allergischen Reaktionen – zwischen 0,0008 und ein Prozent der Anwendungen lösen allergischen Antworten des Körpers aus. Doch hierbei ist die Todesrate, bedingt durch die Schwere der allergischen Reaktion, ziemlich hoch.

Schmerzstillende und entzündungshemmende Medikamente

Vorsicht mit Aspirin bei Allergikern

Aspirin (die für diese Indikationen am meisten verwendete Substanz):

0,30 Prozent der normalen Patienten zeigen dagegen eine Intoleranz. Wer bereits „vorgeschädigt" ist, hat allerdings mit einem höheren Risiko zu rechnen. Patienten mit allergischer Rhinitis sind zu rund eineinhalb Prozent von solchen Reaktionen betroffen, vier Prozent der Asthmatiker, sechs Prozent der Patienten mit Nasenpolypen und 23 bis 28 Prozent mit chronischer Urticaria (unregelmäßig verteilte Hautquaddeln). Derartige Reaktionen sind auch von anderen Arzneimitteln ähnlicher chemischer Zusammensetzung bekannt geworden. Diese NAIDs genannten Medikamente können unter Umständen bei besonders empfindlichen Personen sogar Asthma hervorrufen, Störungen des Magen-Darm-Trakts, Kreislaufzusammenbruch, aber auch den Tod verursachen. Besonders anfällig für allergische Reaktionen in Zusammenhang mit solchen Arzneimitteln sind Frauen (bis zu 60 Prozent der Fälle) und Personen im vierten Lebensjahrzehnt sowie genetisch „vorprogrammierte" Personen.

Auch Asthma kann hervorgerufen werden

Antibiotika

Die Allergien-Rate ist bei Verwendung der bekannten Antibiotika Streptomyzin und Neomyzin bei rund zwei Prozent der Behandlungen, bei anderen Antibiotika treten derartige Erscheinungen meist noch seltener auf. Penicillin weist jedoch eine recht hohe Rate an allergischen Reaktionen auf. Jeder zehnte damit behandelte Patient entwickelt eine Allergie.

Penicillin weist eine hohe Rate an Allergien auf

Im Falle von Clindamyzin kann es ebenfalls bei zehn Prozent der Behandlungen zu einer allergischen Reaktion kommen. Penicillin und seine Abkömmlinge: 0,7 bis 10 Prozent der Behandlungen. Die Verwendung von Sulfonamiden kann in drei bis sechs Prozent der Fälle zu Reaktionen führen, und bei 60 Prozent der Behandlungen gibt es Hautreaktionen.

Cephalosporine – ebenfalls aus Pilzen gewonnene Antibiotika – zeigten sich beinahe gleich stark allergen wie Penicillin-Antibiotika.

Eine Antibiotika-Allergie kann – vor allem bei Langzeitanwendung bestimmter Vertreter dieser Gruppe – zu Fieber führen, aber auch zu Urtikaria, Hautausschlag

(11 Prozent bei Streptomyzin-Anwendung), Kontaktdermatitis (Entzündung der betreffenden Hautstelle) – Häufigkeit zwischen drei und zehn Prozent bei Streptomyzin. In letzter Zeit sind auch immer öfter allergische Reaktionen auf sogenannte Beta-Laktam-Antibiotika aufgetaucht, die vielfach dort eingesetzt werden, wo Krankheitserreger auf andere Antibiotika nicht mehr reagieren.

Antiseptika (Mittel mit keimhemmender Wirkung)

Hautreaktionen bei Quecksilber

Von Allergie-Fällen wird auch bei antiseptischen Mitteln, die Quecksilber enthalten, berichtet. Dabei kann es besonders zu Hautreaktionen kommen. Aber nicht nur das. Wie spanische Wissenschaftler berichten, ergab Injektion von Thiomersal in den Muskel bei knapp fünf Prozent der Patienten eine allergische Reaktion.

Chemotherapeutika und Immunsuppressiva

Unterschiedliche allergische Wirkung

Diese Gruppe von Medikamenten, die bei der Krebsbehandlung, aber auch zur Unterdrückung einer Abstoßungsreaktion bei Organverpflanzungen (Immunsuppression) eingesetzt werden, zeigen eine sehr unterschiedliche allergische Wirkung. Dabei steht eine chemische Verbindung, die Asparaginase genannt und bei Leukämien eingesetzt wird, an der Spitze. Die beiden französischen Allergie-Spezialisten berichten vom Auftreten einer Allergie bei 20 Prozent der Behandlungen – was allerdings der Mittelwert ist. Allergische Reaktionen ereignen sich in 5 bis 33 Prozent der Fälle. In der Fachliteratur wurden bisher acht Todesfälle berichtet.
Das bei der Chemotherapie des Krebses verwendete Cisplatin ruft in bis zu 20 Prozent der Behandlungen allergische Reaktionen hervor (Mittelwert: fünf Prozent).

Analgetika (schmerzstillende Mittel)

Durchaus nicht zu unterschätzen

Auch einige dieser sehr weit verbreiteten und zum Teil auch im freien Handel ohne ärztliche Verschreibung erhältlichen Präparate verfügen über ein durchaus nicht zu unterschätzendes allergenes Potential. Dazu gehören beispielsweise Acetylsalicylsäure, Phenacetin, und Amidopyrin

Hormonpräparat Insulin

Zwischen 5 und 15 Prozent der diese Substanz benötigenden Personen können darauf eine lokal beschränkte allergische Reaktion entwickeln. Sofortreaktionen wurden von 0,1 bis 2 Prozent der Behandelten berichtet.

Diagnostika

Zu durchaus tragischen Vorfällen kann es auch bei der Anwendung von Diagnostika kommen. Als Beispiel seien Röntgenkontrastmittel genannt. Diese Mittel werden vielfach völlig gesunden Menschen zur Durchuntersuchung des Körperinneren verabreicht.

Röntgenkontrastmittel

Der hier angeführte Ausschnitt aus dem großen Spektrum der in der Heilkunde eingesetzten Arzneistoffe liefert nur einige Streiflichter zu diesem Thema, soll bloß ein – allerdings bloß bruchstückhaftes – Bild davon vermitteln, daß Arzneimittelallergien gar nicht so selten sind, wie manch einer vielleicht annimmt. Immerhin werden rund fünf Prozent aller Patienten in Krankenhäuser wegen Unverträglichkeitsreaktionen nach einer Medikamentenverabreichung aufgenommen. Fast ein Viertel der Arzneimittel-Nebenwirkungen sind allergische Reaktionen, berichtet der erfahrene Arzt und Publizist Dr. Wolfgang Exel.

Arzneimittelallergien gar nicht so selten

Zusammenfassend läßt sich sagen: Arzneimittelallergien treten unabhängig von Dosis und pharmakologischer Wirkung des Medikaments auf. Sie sind daher auch in den unterschiedlichsten Medikamentengruppen anzutreffen und äußern sich in vielen Fällen als Sofortreaktion. Dabei kommt es in manchen Fällen durchaus auch zu schweren, mitunter tödlichen Schockzuständen. Blutdruckabfall, Verkrampfung der Bronchien, Nesselausschlag, Ödem und Hautrötungen sind weitere typische Kennzeichen einer allergischen Reaktion auf Arzneistoffe.

Sofortreaktion sehr häufig

Literaturverzeichnis

Andenmatten, Rainer: Atlas natürlicher Inhalationsallergene, Janssen Pharmaceutica AG, Baar 1991

Baumgart, Gert: Gesunde und schöne Haut, Bildbuch-Verlag, Wien 1994

Baumgart, Gert und Flick, Reinhard: Von Akupunktur bis Zelltherapie, Ueberreuter Verlag, Wien 1995

Bliznakov, Emile und Hunt, Gerald: Die Entdeckung - Energie-Vitamin Q10, LebensBaum Verlag, Bielefeld 1993

Borelli, Siegfried, Mayenburg, Jost von, und Polster, Edburga: Nahrungsmittel-Allergie, Falken Verlag, Niederhausen 1988/1991

Cernaj, Ingeborg: Fit und gesund durch ein starkes Immunsystem, Südwest-Verlag, o. J.

Chang, Stephen: Das Handbuch der ganzheitlichen Selbstheilung, Ariston Verlag, Genf 1990

Diamond, John: Der Körper lügt nicht, VAK Verlag für Angewandte Kinesiologie, Freiburg im Breisgau 1994

Eichler, Irmgrad: Therapie des kindlichen Asthma bronchiale, Verlag Wilhelm Maudrich, Wien 1996

Exel, Wolfgang, und Rohrmoser, Livia: So besiegen Sie die Allergie, Kneipp-Verlag Österreich, Leoben 1993

Farda, Dieter: Ratgeber Gesundheit: Wie erkenne und behandle ich Allergien?, Verlagsunion Erich Pabel-Arthus Moewig KG, Rastatt 1990

Flade, Sigrid: Neurodermitis natürlich behandeln, Gräfe und Unzer, München 1992

Fritsch, Peter: Dermatologie, Springer Verlag, Wien 1990

Glenk, Wilhelm, und Neu, Sven: Enzyme, Wilhelm Heyne Verlag, München 1990

Hamm, Michael, und Behr-Völtzer, Christine: Krank durch Ernährung - Ratgeber Neurodermitis, Mosaik Verlag, München 1990

Houlton, Jane: Überlebenshandbuch für Allergiker, BLV, München 1995

Köster-Lösche, Karin: Das Immunsystem natürlich stärken, Südwest Verlag München 1995

Manual of pedriatic allergy, Pharmacia, O. J.
Meng, Chao-Lai und Exel, Wolfgang: Die Heilkunst der Chinesen, Orac, Wien 1986
Morse, Elisabeth (Hrsg): Food and Health, Barrie & Jenkins, London 1988
Neugebauer Hermann: Was gibt es Neues in der Medizin? Dr. Peter Müller Verlag, Wien 1994
Oberbeil, Klaus: Fit durch Vitamine, Südwest Verlag, München 1993
Petricevic-Riedl, Danska und Zühlke, Günther: Allergien, Möwe Verlag 1991
Pschyrembel: Wörterbuch der Naturheilkunde und alternativer Heilverfahren, Walter de Gryter Verlag, Berlin, New York 1966
Raab, Wolfgang: Allergiefibel, Gustav Fischer Verlag, Stuttgart 1991
Rensing, Lutger: Biologische Rhythmen und Regulation, Gustav Fischer Verlag, Stuttgart 1973
Rückert, Ulrich: Die sanfte Medizin der Außenseiter, Droemersche Verlagsanstalt, München 1991
Schroth, Dr. Rainer: Kranksein ist ungesund, Norka Verlag, Wien 1993
Shahin Joharchi: Tai Chi Chuan, Droemersche Verlagsanstalt, München 1988
Schumacher, Peter: Biophysikalische Therapie der Allergie, Sonntag Verlag, Stuttgart 1995
Schwarz, Aljoscha, und Schweppe, Roland; Shiatsu, Huboldt Taschenbuchverlag, München 1995
Silva, Kim da: Richtig essen zur richtigen Zeit, Doemersche Verlagsanstalt, München 1990
Tenk, Hermine: Soforthilfe mit Akupressur, Verlag Wilhelm Maudrch, Wien 1991
Vasey, Christopher: Das Säure-Basen-Gleichgewicht, Midena Verlag, Küttingen/Aarau 1992
Weikert, Wolfgang: Selbstheilung durch die Kraft der Gefühle, Südwest Verlag, München 1995
Will, Reinhold: Bioresonanz-Therapie, Dr. Werner Jopp Verlag, Wiesbaden 1995

Register